The New Zealand Immigration Analysis

新西兰移民解析

安娜 著

By Anna

暨南大学出版社

JINAN UNIVERSITY PRESS

中国·广州

图书在版编目（CIP）数据

新西兰移民解析／安娜著. —广州：暨南大学出版社，2014.12
ISBN 978 - 7 - 5668-1289-6

Ⅰ. ①新… Ⅱ. ①安… Ⅲ. ①移民－基本知识－新西兰 Ⅳ. ①D761.238

中国版本图书馆CIP数据核字（2014）第271476号

出版发行：暨南大学出版社

地	址：中国广州暨南大学
电	话：总编室（8620）85221601
	营销部（8620）85225284　85228291　85228292（邮购）
传	真：（8620）85221583（办公室）　85223774（营销部）
邮	编：510630
网	址：http://www.jnupress.com　http://press.jnu.edu.cn

装帧设计： Ⓝ 卓風修書院

印	刷：佛山市浩文彩色印刷有限公司
开	本：787mm×1092mm　1/16
印	张：8.5
字	数：150千
版	次：2014年12月第1版
印	次：2014年12月第1次
定	价：33.00元

（暨大版图书如有印装质量问题，请与出版社总编室联系调换）

序

　　如果你选择移民或留学新西兰，恭喜你选择了世界上最后一片净土。她的纯净，不仅是环境清新、风景如画，更来源于政府的公正廉洁；如果你无意追求大富大贵与大国光环，新西兰将是完美的选择。受益于TTMRA双边政策，作为新西兰公民，可以前往澳大利亚无限期工作与居住。下面将从新西兰的经济、就业、环境、物价、福利、政府、友好程度以及移民政策等方面全面剖析移民新西兰的优、劣势。

　　新西兰有非常发达的农业与旅游业，新西兰的羊肉、奶制品和粗羊毛的出口量均居世界第一位；这里渔产丰富，是世界第四大专属经济区。与澳大利亚一样，农业的防御性特征，让新西兰有着比较强的抗国际金融危机能力。新西兰所提供的优质的旅游产品在世界上获得了极高声誉与游客满意度，是很多游客心目中完美、纯净的人间天堂（不少英国人选择移民新西兰）。

　　新西兰一直保持着比较低的失业率，农业、渔业、高科技人才需求量大。近些年，新西兰在食物加工技术、电信、纺织、林木制品、电子、登山用品与服饰等方面的竞争力逐渐加强。与澳大利亚相比，新西兰对于中低技能收入者，有着比较高的最低起薪，因其毗邻澳大利亚，高端人才流失现象比较严重。

　　新西兰四面环海，以无污染闻名全球。新西兰的天空碧蓝如洗，大地绿草如茵，青翠繁茂；空气清新洁净，润彻肺腑；大海纯净湛蓝，深邃寂静；高山气势恢宏；原始森林奇诡秀丽；幅幅美景使人心旷神怡，忘却烦恼（新西兰是《魔戒》、《金刚》、《纳尼亚传奇》、《金刚狼》、《垂直极限》、《勇敢的心》、《阿凡达》、《霍比特人》等众多著名电影的拍摄地与取景地）。新西兰拥有大量特有物种，Kiwi是新西兰的国鸟，银蕨叶是新西兰的国家标志。新西兰政府与人民将保护自然环境放在极高的位置。在经济利益与环境保护的博弈中，新西兰政府与人民选择后者——在新西兰没有任何污染工业。新西兰为了保护环境甚至曾经不惜与美国断绝政治与军事关系（新西兰工党在1980年禁止任何有核船靠近领海）。试图竭尽全力保住地球上这最后一片净土的追求达到无以复加的地步，没有任何一个国家会在这方面有如此强大的驱动力。

新西兰拥有非常完善的福利，全民免费医疗、住房补贴、失业救济、特殊群体救助、教育补贴应有尽有。新西兰的福利来自全国所有纳税人的贡献，这一点不同于很多国家。新西兰福利的最大特点是实用性，因此适用人群很广，申请门槛低，审核宽松。比如新西兰的失业救济，没有时间限制，如深得《厚黑学》真传，可以领一辈子。其次，居住满10年，65岁以后便可无条件直接发放养老金，就算你之前纯粹是靠领救济度日也无妨。新西兰的政府与人民对于福利发放的态度是仁厚与宽容的，经常能在报纸上看到有报道某人开着豪华跑车还住着政府的免费公房，一住就是15年的；甚至有靠申请各种福利金做全球旅游的。对于纳税人来说，这看起来确实很不公平，但是很多新西兰人并不十分介意，认为这只是少数现象，不能因此收紧福利政策从而导致有些人生活变得艰难。正是由于新西兰全体工作者的勤劳与豁达，新西兰可能是世界上养着最多"懒汉"的国家。而相比其他很多国家则非常重视公平合理原则，这会导致审核严密，申请条件苛刻。比如加拿大，一旦领取失业金，政府会三天两头上门要求参加各种低技能的面试活动，如拒绝参加求职面试，失业金会停发。

新西兰拥有世界上最廉洁的政府，在民众面前，新西兰是"弱势"政府，这源于新西兰以服务型政府为执政理念。作为公民，你的诉求会得到最大的尊重与回应（有不少人会收到执政总理约翰·基的亲笔回信）。不管是国家党还是工党，民生保障是政府的工作重点，新西兰的全民富裕程度非常高。

新西兰的原居民是毛利土著人（《怀唐伊条约》规定毛利人拥有新西兰的土地），除毛利人以外，包括白人均为移民。作为"外来汉"，假设白人执政的新西兰政府向民众传达"排外思想"，等于搬石头砸自己的脚。所以政府必须宣扬多族裔相融性，"建设一个繁荣、多文化、多族裔包容性的社会"被写进移民法。

新西兰在20世纪50至70年代是经济发展的鼎盛时期，国家空前繁荣，经济高度发达，属于世界上最富有的国家，人均GDP仅次于美国，位列全球第二，其全民富裕程度与奢侈品消费能力足以让全世界的人眼红。但新西兰在进入60年代后，爆发了声势浩大的"拯救马纳普里湖运动"（Save Manapouri Campaign），这场全民参与的环保运动，迫使政府改变了重经济发展、轻环境保护的做法，由此克服了追求短期经济利益的冲动，环保被提升到国家建设的首要位置。而在此后的同时期，不少国家靠大量攫取不可再生资源换取经济增长，比如非洲的南非，靠拼命地挖矿，几乎将其从一个"穷得掉渣"的国家挖成了一个发达国家。又如中东的沙特阿拉伯，不断从地底提取石油，"黑金"滚滚让其经济实力已经达到发达国家的水平。即使是邻国的澳大利亚也是以大量开采矿产资源为国家经济做大做强的推动力。在这种大环境下，众多国家靠拼命开采不可再生资源换取GDP增长，而新西兰追求的则是环境与经济的平衡发展。当不少国家的GDP排名扶摇直上时，相形之下，新西兰的GDP排名开始缓慢地下滑。

虽然经济排名上开始下滑，但新西兰在经济与环境保护的平衡发展中，取得了巨大的成功。其经济与环境完美统一的发展模式在国际上赢得了极高的声誉，一直被作为成功的典范写入多所著名大学的教科书——绿色环保、可持续发展是人类最终的方向。这种巨大的成功，直接体现在联合国人类发展指数上，新西兰一直被列为全球仅有的两三个达到最高级别（Very high）的国家之一（新西兰的领海拥有丰富的石油与天然气，出于民意，政府多年来从未进行过大规模开采，这些资源将留给子孙后代）。

新西兰是世界上为数不多的几个未饱受战火之灾的国家，无论是国家成立，还是在第一次世界大战、第二次世界大战中均处于和平状态，当人类陷入混战浩劫，战火在地球上肆意漫延时，新西兰的人民依然过着与世无争的日子，牛羊照样悠闲地吃着草，孩童仍然无忧无虑地成长。独特的地理环境（请查阅世界地图找新西兰在哪个位置）与较为中立的政治立场，无论是在以前、现在还是未来，新西兰将永远是一个安静平和、置身于世外的桃花源。

值得一提的是，在二战中，虽身处战火以外，但新西兰在世界反法西斯战争中作出了巨大的牺牲（新西兰士兵在盟军国中阵亡比率最高），新西兰军人的牺牲精神造就了一个军事史上的神话。作为后援国的一分子，新西兰源源不断地向战场输送优质的牛奶与奶制品，各类丰富的粮物几乎供养了整个南太平洋的盟军部队，这种单向贡献在全世界绝无仅有。二战时期的新西兰为世界和平所作出的贡献，让新西兰在国际上赢得了多年的尊重，这也是老一辈新西兰人的骄傲。

新西兰人是世界上最热情善良的人民，对待华人真诚友善，这也源于新西兰发达的旅游业，各种不同的面孔，都是来自远方的客人，是受新西兰人欢迎的。新西兰是传统的女权国家，是世界上第一个允许女性有选举权的国家，新西兰的女性拥有较高的社会地位，女性在新西兰众多政府机构中占据最高职位的比例相当大。这里的男性，性格内敛，谦和礼貌。新西兰是四大移民国中，唯一一个没有大规模排华史的国家，在新西兰，各族裔相处融洽。有不少华人认为新西兰人胸无大志，这其实是一种恬淡简朴的人生态度，舒适的环境与良好的社会保障体系，让新西兰人更加热衷于享受生活，淡泊名利与富贵。

新西兰在美国、加拿大、澳大利亚、新西兰四大移民国中，属技术移民难度较低的国家。新西兰拥有世界最先进的EOI移民选择系统，只要达到100分就可以被该系统识别，达到140分，就会被筛选出来进行审理。移民分数的计算也是多种多样的，从年龄、学历、工作种类到工作经验，甚至到地区都有移民加分。对于移民政策的制定，新西兰政府是谨慎谦和的，不会和别的国家一样突然出台一些不可理喻的收紧政策，如果出台了留学生群体无法接受的新的移民政策，移民局内部就会重新讨论。典型的案例便是"6·25"新政，取消一年制大专课程的毕业生工作签证，仅靠几个移民顾问的上诉，便迫使移民局出台了过渡性政策。在移民政策上，新西兰是人性化的，如果换作是其他国家，几乎不可能和你有任何商量的余地。

Meade Yang
新西兰中国团体联合会秘书长

前　言

一、新西兰移民概述

新西兰以其完美的社会福利著称于世。移民与新西兰公民享受同等的社会福利，主要包括：

1. 福利待遇

新西兰实行免费医疗制度。看病、住院、用药费用全免（口腔、眼科例外）。

对本科以上的全日制学生，政府负担全部费用。部分提供助学金。此外，政府举办的多种培训也是获得收入的方式之一。

新西兰是儿童的天堂。政府负担儿童的学习及生活费用，以及成人所不享有的全部医疗费用。新西兰鼓励生育，每生育一个孩子，政府都会负担一定的费用。

2. 移民权利

除选举权及被选举权之外，新西兰移民享受同新西兰公民完全同等的一切权利。现就移民主要关心的几个方面作如下说明：

任何人可任意选择新西兰境内任何地点作为永久或临时居住地。该地点可以不是在移民申请表中填写的期望地点，同时政府对移民也没有到期望地点报到的要求。

虽然新西兰政府希望技术移民在抵新后尽快进入工作领域，但移民可以完全自由地选择在新西兰的具体身份，包括上学、经商或从事与移民申请中期望职业完全不同的工作。

凭移民签证十分容易申请到前往其他国家的签证，且对于许多国家或地区，只需落地签证而不必事前申请。

在新西兰居住3年以上且无犯罪记录的移民，可申请加入新西兰国籍。

移民每年离开新西兰的时间，通常不能超过40天。如果有正当理由（如生病、上学、工作等），可向移民局或新西兰驻外使馆申请延期。

3. 税收制度

新西兰与加拿大十分相似，在"均贫富"和"多劳多得"之间似乎更侧重于前者。其具体做法是以"富人"（实际上多是工薪阶层）养"穷人"，保障所有人达到新西兰社会基本生活水准。新西兰的福利之好令人称誉，而税收之高则令人瞠目。对于所有的工薪阶层，税收都是一笔沉重的负担。夫妻两人同时工作、年薪相同的话，和一人工作、一人闲置的实际收入相差不大。这种近于"大锅饭"的政策无疑造成了更深层意义上的不平等，并且从客观上助长了懒惰情绪。

4. 社会机制

虽然是西方资本主义国家，新西兰的工作效率和生活节奏却远不如想象的那样。这里的工作时间是每周5天，早9（点）晚5（点），中午休息1小时。再加上每年诸多的节日，平均下来，每周5天中每天实际的工作时间不足6小时。而邮局、银行等服务行业周末同样休息，且动辄罢工示威，要求加薪，给人们的日常生活造成了极大的不便。

新西兰的企事业单位很少解雇员工，加上有失业保险和社会福利金，上班族没有强烈的危机感，工作热情和效率自然低下。

5. 人际关系

新西兰人由当地人、毛利人以及来自世界各地的移民组成。不同种族、不同背景的移民之间鲜有往来，更不干涉他人私生活。这里的人际关系淡漠，生活单调，许多人都有强烈的孤独感、失落感。由于社会制度、城市建设趋于完善，居住环境和日常生活几十年依旧而少有新意，与中国大陆那种蓬勃发展、日新月异的景象形成了鲜明的对照。

6. 移民身份

持有中国护照的移民签证者，其在中国的身份为旅新华侨，国籍仍为中国，可随意往返中新之间，事先无须办理任何手续。

新西兰移民并不等于新西兰公民，因其国籍不同。但移民同公民享受完全相同的社会福利待遇，而留学、探亲身份者则不能享受这些待遇。两者之间相差极大。例如，后者的学费是前者的数倍之多。

新移民可以办理让父母来新西兰探亲的手续，但通常要求移民的经济能力能够承担其父母在新西兰期间的生活费用。

新移民入学读书、继续深造不是一件难事。这是因为，移民上学交的学费很少，依靠政府资助即可支付学习及生活费用。而且，可以直接与学校和教授联系，介绍自己，使得被录取的机会大为增加。

7. 就业环境

大致地讲，新移民在新西兰就业与当初办理移民的难易程度是一致的。能否找到工作取决于多方面因素，如专业水平、工作经验、英语程度等，而其中最重要的一个因素则是专业方向。计算机、电子类专业在新西兰比较容易找到工作。

初来的新移民，直接工作的比例不大。这是由于，其以往的工作经历难以考证，中国大陆的学历在新西兰工作没有市场竞争力，英文交流尚有一定困难，对新西兰社会尚不熟悉等。

新移民比较典型的做法是先入学读书，获得当地学校的学位。之后找工作则容易得多，也容易找到满意的工作。

8. 新移民面临的主要困难

新西兰的社会福利足以保障每个移民的基本生活。但多数人移民新西兰自然不仅仅希望生活有保障，更希望新的身份、新的环境能够给生活带来转机。从长远看，这主要取决于能否找到一份满意的工作而成为新西兰的中产阶级。

新移民初来乍到，置身于一个全新的环境，过去的事业基础、人际关系、娱乐方式均已不再，自然容易产生强烈的怀旧、思乡、孤独、失落感，甚至质疑当初移民的选择。这时，首要在于要有事可做，使自己忙起来，并不断调整心态，才能尽快走进新生活，融入新社会。

二、是否适合移民

任何符合移民条件的人都可以移民吗？并非如此。实际上，合乎条件的朋友适合移民的只占其中的一部分。

移民不同于留学，更不同于探亲、旅游，移民者是准备长期在国外生活和发展，或者准备利用已有的移民身份更好地发挥自己的优势的人，并且这部分人占移民申请者的数目越来越多。是否移民，应综合考虑自己的专业、英文水平等多方面因素。已婚者还要考虑到配偶日后在国外发展的可能。此外，办理移民还需要一笔不小的开销。

对于许多已在国内打下事业基础，生活美满的朋友，不必完全放弃经过多年努力得到的一切。新西兰的移民政策完全可以兼顾国内与国外的发展，等逐渐适应新西兰的社会后，再决定自己应该完全生活在国外，还是做一些双边业务。从目前来看，移民新西兰至少是为以后的子女入学、养老和各种福利待遇作了准备。但也要考虑到在一个陌生的国度里开创事业会遇到种种想象不到的困难，既需要勇气也需要智慧。

由于每年移民新西兰比移民加拿大需要在当地停留的时间短，因此申请人有更多的机会和时间了解新西兰，而暂时不需要放弃国内的工作和生活，不需要像移民加拿大那样义无反顾。

三、留学与移民的比较

1. 成功把握

申请留学能否成功是一件很随机的事情，因为新方学校没有明确的录取标准。所有的拒绝函中，均不解释原因。能否被录取，除申请人的自身背景外，还取决于学校的招生名额、国外学生的比例、对以往中国留学生的印象等许多申请人无法左右的因素。而且对于中国大陆的申请者，如果在满足移民条件又满足留学条件的情况下，仅仅被学校录取是没有意义的，只有在获得对方全额资助的情况下，签证才有把握。而在目前拿到全额资助的机会非常小。当然，自费留学的情况不在此列。

申请者面临的竞争来自世界各地，而在与申请者仅有过一两次通信联系的情况下，学校对提供全额资助采取越来越谨慎的态度。并且，当地的新移民占据地利之便，其移民身份具有天然的优势，更使国内的竞争者难以成功。

技术移民的审核，则有明确的技术移民打分标准。新西兰的签证官几乎没有自主权。因此，申请者在申请之前就可以得知自己的申请把握。

2. 办理时间

新西兰学校的入学日期1年两次，秋季9月和冬季2月。这样，即使一次申请就可以获得全额资助，加上准备TOEFL和GRE考试时间，整个办理时间也要2年左右。

办理技术移民，目前需要6～8个月的评审时间，加上4个月准备IELTS考试的时间，平均10～12个月即可拿到移民签证。

3. 入学费用

新西兰高校对国外学生收取的学费每年约1万新西兰元。仅此一项，就远远超出全家办理移民的总费用。

申请留学不需要申请费。

申请移民目前申请费是4,980元人民币,学历学位评估200新西兰元(夫妻2人共400新西兰元)。无论申请成功与否,均不退还。

4. 享受待遇

留学办理只能允许个人前往,配偶和子女无法同时前往。他们日后能否来新,取决于留学者当时的收入情况,没有必然成功的把握。

留学生的福利待遇不如移民所享受的待遇。

5. 成功机会

办理留学,如果不成功,还可以申请移民。但移民申请不成功,如果再申请留学就可能以有"移民倾向"而被拒签。

四、留学移民与咨询公司

新西兰的留学移民法没有规定办理留学移民必须要通过咨询公司。

但实际上,绝大多数的申请者都是通过咨询公司办理的。其原因在于,留学移民申请是一个技术性很高的工作,其中的诸多细节,非专业人员不能把握,特别是在准备材料、训练面谈、失败上诉三个环节上。一家合格的咨询公司,可以凭丰富的知识和经验为客户指导关键之处,处理疑难问题,简化办理过程,提高成功率。

特别是面试,申请人不易把握。

对于移民申请者,通常要求夫妻一同出席面试,但子女不必前往。在某些情况下,可以由主申请人出席面试。

面试的时间为半小时左右。签证官不是专业人员。面试的主要目的在于确认申请者的背景材料、工作与学习经历以及到新西兰的目的。

一家优秀的咨询公司应该具有如下特点:

①经验丰富,业务精通。不存在所谓的"这是公司的商业秘密",拒绝回答客户的咨询问题的情况。

②办理成功之前不收费,或只抵押很少的费用。

③收费标准公正客观,一般是办理成功收取服务费,办理不成功不收费。

④有银行或第三方的经济担保。

⑤有强有力的海外合作者，承诺并且兑现所承诺的服务。

⑥外语培训、计算机培训等技能培训服务。

最重要的是：守住你的钱！

五、咨询公司的骗人技巧

1. 预收较高费用

有的咨询公司会预收较高的费用，并以各种理由不给客户退款。但是由官方机构收取的不退的款项，咨询公司可以不予退款。用户在申请前务必问清楚。

2. 分步收费法

整个收费过程由很多步骤组成，每一步骤收一次费用，并且是不退还的。如在办理完签证之前收费太高，你就要小心了，咨询公司有可能以各种理由不退还。

3. 提前收取学费

这实际上是咨询公司收取的费用，学校收取的费用一般会在录取通知书上明确予以说明。一般在交完学费后，签证肯定就可以办下来了（新加坡的私立学校和某些国家的学校除外）。

4. 学费差价

私价收外币，退款按公价。这也是某些咨询公司的骗人技巧。

5. 骗钱

根本就不给申请人申请，预收很多费用，不予退还。

目　录

序 / 1

前　言 / 1

第一章　新西兰概述 / 1

第二章　新西兰法律 / 19

　　第一节　司法体系和法院结构 / 20

　　第二节　法律援助和公民的权利 / 26

　　第三节　移民法与就业平等权利 / 29

第三章　IELTS（雅思）考试 / 31

　　第一节　IELTS（雅思）考试概述 / 32

　　第二节　IELTS（雅思）考试试卷结构 / 34

　　第三节　IELTS（雅思）考试成绩与成绩评定 / 38

第四章　移民类别 / 39

　　第一节　准备移民文件 / 40

　　第二节　技术移民 / 45

　　第三节　家庭团聚移民 / 49

　　第四节　投资移民 / 52

　　第五节　长期商务签证 / 59

　　第六节　企业移民 / 62

　　第七节　商业移民类别新政策问答 / 63

第五章 技术移民 / 67

第一节 技术移民的记分方法 / 69

第二节 技术移民准备材料清单 / 71

第三节 参加IELTS（雅思）考试 / 73

第四节 学历学位评估（NZQA）/ 74

第五节 办理签证 / 75

第六节 准备面试 / 76

第七节 行前准备 / 81

第八节 新西兰、加拿大移民政策比较 / 82

第六章 移民常见问题解答 / 85

第一节 办理移民过程中的问答 / 86

第二节 有关政策的问答 / 91

第七章 移民政策 / 95

第一节 新西兰移民政策 / 96

第二节 留学与移民的关系 / 97

第三节 关于国家助学贷款的管理规定（试行）/ 100

第八章 出国常识解答 / 105

第一节 护照 / 106

第二节 签证 / 107

第三节 办理公证 / 108

第四节 机票 / 111

第五节 兑换外币 / 113

第六节 世界各国移民法简介 / 115

第一章　新西兰概述

The New Zealand
Immigration Analysis

一、地理与经济

新西兰地处太平洋南部，西隔塔斯曼海，与澳大利亚相望，由北岛、南岛及其附近一些岛屿组成，人称"南太平洋上的明珠"。新西兰土地面积26.8万平方公里，人口447万。首都是惠灵顿，奥克兰为最大城市，第三大城市为基督城，第四大城市为哈密尔顿。官方语言为英语。由于地理位置接近国际日期变更线，新西兰时间比格林尼治时间早12小时。夏令时从每年10月1日起到次年3月1日止，比平常快1小时。

新西兰南北两大岛有着得天独厚的地理条件。它们位于太平洋温暖的海水之中，阳光和雨量充足，南北纵贯多个气候区，最北部属于亚热带气候，南边则进入南极带，受海洋的影响，气候相当暖和。新西兰的土地肥沃富饶，草原和森林遍布全国，造就了全球首屈一指的畜牧业、奶品业和果园种植业。

新西兰属于发达国家，人均国民收入名列世界前茅；又被称为"人间最后一块乐土"和"世外桃源"，拥有美丽的自然环境、丰富的海洋和森林资源以及奥克兰等天然良港。得天独厚的地理位置和发达的科技、通信、贸易、海运、空运、旅游业，使其成为南太平洋地区经济、贸易、金融以及科技、文化、教育的中心，也成为该地区的贸易集散地，对斐济、汤加、西萨摩亚、所罗门群岛等众多太平洋国家的社会经济发展具有特殊的影响，是发展和加强与南太平洋诸岛国及南美各国经济贸易关系的桥梁和纽带。

新西兰居民原以英国移民后裔居多，近年来政府推行开放性的移民政策，来自世界各国尤其是亚洲地区的移民逐年增加，使得其社会经济向多元化和国际化发展。新西兰与欧美诸国具有良好的关系，与澳大利亚具有完全开放的双边关系，同时政府还非常重视发展同亚太地区的合作，制定了"亚洲2000"发展战略，并积极参与亚洲太平洋地区的经济协作活动。

1997年，新西兰与中国贸易额已达10.2亿美元，与同期数字相比，虽然受亚洲金融危机影响，1998年两国贸易仍呈明显增长趋势。中国已成为新西兰最大的羊毛进口国和第七大贸易伙伴。而新西兰也成为中国最大的海外投资地之一。新西兰和中国同处亚太地区，经济互补性强，两国间的经贸合作极具潜力，新西兰农牧业的科技发展水平居世界首位，农牧产品生产加工技术先进，可提供优质羊毛、木材、纸浆、奶制品等农副产品。中国产品近年来在新西兰已有广泛的影响，具有良好的市场发展潜力。中国加入WTO之后，两国之间的合作得到更进一步的发展，合作前景也更加广阔。

新西兰的居民生活质量很高，他们享受着现代化的生活，大部分人都拥有自己的房子和汽车，休假时喜欢到全国各地旅游。

二、交通

如果你想去新西兰，十分方便。可搭航班从香港直飞奥克兰，或途经澳大利亚飞抵新西兰。新西兰有两个主要的国际机场，分别位于奥克兰和基督城。新西兰国内共有24个国际航空公司，提供飞往北美、南美、澳大利亚、亚洲、欧洲以及新西兰周边太平洋岛国的直航或续航服务。惠灵顿是国内航空网的中心，它也有飞往澳大利亚东海岸主要城市的国际航线。新西兰各主要名胜之间的距离较短，交通网络十分发达。新西兰主要有三家国内航空公司，即新西兰航空公司、Ansett航空公司和库克山航空公司。这些航空公司提供各主要城市之间和旅游胜地之间的航空服务，而其他小城镇之间的飞行则由短途小型飞机承担。在新西兰，几乎所有的城市和城镇间都有长途汽车和铁路连线，铁路的主要承运商有城际列车（Inter City）、库克山（Mount Cook）、纽曼斯（Newmans）和新西兰铁路公司。在惠灵顿和皮克顿（Picton）之间有现代化的渡轮连接北岛和南岛的交通，渡轮可载乘客和车辆，车辆可直接进出渡轮。

在新西兰定居的人如想开车必须取得驾照。你可以使用国际驾照，但那只有1年的有效期。15岁以上的人就可以考驾照，申请驾照时必须出示护照或出生证明以表明你的年龄。你可以在得到驾照前练习驾驶，但不可单独行驶，必须要有一个有驾照的人随行才可，有许多驾驶学校会教你驾驶技术。

要取得驾照必须通过考试。考试分为四部分：

①听力和视力测验。

②笔试。根据"路标"的内容来考。25题中你必须答对23题。

③口试。考试人员会问你5个出自"路标"的问题，你最多只能答错1题。

④路试。测验你驾驶的能力。如果你加入驾驶学校，你可以用驾驶学校的车。你也可以用自己的车，但必须有有驾照的人跟你到考试地点。

你可以要求一个翻译人员协助你参加考试。对于15岁到24岁的人，新西兰有一种特殊的驾照制度。即要得到驾照需要经过两个阶段：当你通过路考，你可以得到6个月的学习驾照，然后才能得到限制性的驾照。当你有限制性的驾照后，除非有成年驾驶员同行，否则你不可以在夜间开车，也不可以搭载乘客（只可搭载自己的孩子）。如果你曾酒后开车，那么你就不可以再开车了。

限制性驾照的时效是18个月，不过如果参加自卫驾驶的课程，那么时效可缩短为9个月。2年后，你就可以拥有一张正常的驾驶执照了。

摩托车亦需要驾驶执照。考试方式和考汽车驾照一样。路考的时候，考试人员跟在你后面开车。如果通过考试，你就可以驾驶排量250cc的摩托车。6个月后，你拿到正常的驾照就可以驾驶排量250cc以上的摩托车了。

三、体育活动

新西兰人来自不同背景的民族。尽管官方语言是英语，但新西兰也拥有相当浓厚的毛利族文化色彩。新西兰还有许多由不同种族的人组成的社区，如欧洲人、亚洲人和太平洋岛国的人，他们彼此和谐地生活在一起。新西兰一年当中有许多社会和文化活动，有音乐会、歌剧、展览会、毛利文化集会和其他由不同种族社区组织的文化节。新西兰所有主要的城市和城镇都有电影院、夜总会、餐馆、美术馆和博物馆，新西兰皇家芭蕾舞团和新西兰歌剧公司经常在国内外巡回演出。每天的报纸上都有对当地娱乐活动和夜生活的详细报道。新西兰大部分城市都与海相邻，这意味着夏天去海滨旅游十分方便。在冬季，驱车仅数小时便可到达滑雪胜地。新西兰的许多运动项目在世界上都极负盛名，如橄榄球、网球、快艇、帆板和独木舟等。这些都归功于其优美的自然环境、众多的体育设施、廉价的体育消费，以及各社区积极地开展健康活动并发展体育事业的举措。

新西兰有不少运动闻名全球。青年人有很多运动项目可以选择。他们的橄榄球、帆船及独木舟均为全球第一。此外，登山及滑雪亦很盛行。

南岛有些美丽的山岳令人乐于攀爬。登上艾佛勒斯峰的著名登山者中有多位是新西兰人。为了鼓励登山活动，新西兰政府在许多国家公园内都设有登山便道、小木屋等供登山者使用。其设备之便利与完善，举世闻名。

新西兰到处都有高尔夫球场，会员费非常低廉（不超过1,000新西兰元），每打一次花费不超过20新西兰元，但是一律没有球童服务。

四、文化娱乐

新西兰的文化水准很高，接近欧美。近十多年来，由于亚洲人民的迁入，也逐渐融入一些亚洲文化。

剧院在新西兰很普遍，每一个地区都有。经常有业余艺人在作玩耍性的演出，学校也有舞台供学生表演。尤其在圣诞节之前，各种表演极多，但职业性的较少。对表演有兴趣的人，可上艺术学校，学成之后在剧院作业余演出。

新西兰拥有闻名于世的交响乐团，多数人会玩一种以上的乐器。由于每一个城市都有自己的交响乐团，因此经常受邀出国表演，其鼓乐队堪称世界第一。此外，还有一些民族性的表演，如毛利人有自己的歌曲及舞蹈。其他的民族亦有颇具民族风格的表演。

芭蕾舞在新西兰也很盛行，水准很高。多数女孩都有芭蕾舞蹈的基础。芭蕾舞团也经常出国表演。

新西兰人由于生活悠闲，有余暇从事艺术创作。他们除了拥有很多闻名的作家外，在绘画、雕刻及陶瓷艺术品上也很著名。画廊与博物馆颇多，每个大城市至少有一个博物馆，画廊则每一个城市都有。

五、餐饮

新西兰食品不仅新鲜丰富，调制亦别具风格和多样化。在新西兰的每个角落，无论是在森林中的露天餐馆、农庄或大城市，还是在别具风格的小餐馆里，游客都可以随意找到带有本地色彩或是保持着欧陆风情的食物，还可以尝到毛利族人的传统佳肴。每样东西都刺激人的食欲，大可放怀畅吃，同时，还有可配搭各类食物的新西兰红、白餐酒。

北部暖和的气候，让这个地区成为南太平洋的"生果篮"，出产许多难得一见的果品，例如远近闻名的坚果和牛油果。南部气候较冷，但果类产品也很多，传统的樱桃园和蜜桃园比比皆是。从南至北处处都有苹果园，新西兰以出产极品苹果而闻名。至于奇异果，则是新西兰的特产。

在街头的水果摊上，新西兰人可以买到来自全国的新鲜生果和鲜果汁，亦可以在郊外公路旁的农庄店铺买到刚从树上摘下来的鲜果，甚至还可以亲手摘个痛快，满载而归。

海鲜在新西兰应有尽有。鲜蚝、龙虾、鲍鱼、青口和带子固然普遍，而毛利人善于烹调的海胆也不难找到。至于游水海鲜，有70~80种之多，从红斑到青衣，任君选择。

常绿的草原养活了全国7,000万头绵羊，无怪乎新西兰人的主要肉食是羊肉。这里有各种制法的羊餐，羊肉汤和羊崽肉都是游客不可错过的。只要找到一间门外挂有羊肉餐奖状的餐厅，便可享受到美味优质的羊肉餐。若再配以羊乳、芝士和红酒，便是地道的新西兰风味。

野味也是颇受欢迎的食品。新西兰连绵的森林和原野，为好此道者源源供应珍禽异兽。野鹿和野猪全年皆有，5月则是野鸭肥胖的季节。若不介意杀生，持枪打猎是轻易的事。或到初春9月，沙文鱼和鳟鱼沿河而上之时，持网站到深仅及膝的急流里，伸手即可抓到一尾。如有兴致的话，还可席地烧烤而食。

毛利族人的传统吃法，是将树叶或海草包好的食物，放在滚烫的石头上慢火蒸几个小时。此法在今日虽已不多见，但在北岛多路瓦市仍有许多机会遇上。

近年来，新西兰的食物开始脱离传统而发生创新变化，新一代厨师都善于利用新西兰丰富多样的天然食材，创制出新颖和富有特色的佳肴。不过，各民族的传统食物仍可在大城市的一些餐馆找到，包括墨西哥、印度、土耳其、意大利、中国、法国和希腊等国的特色菜。

在奥克兰，中菜餐馆不少，其装修、菜式均可与香港媲美。新西兰独有的海产，如鲜鲍鱼、鲜青口、深海鱼等，令菜式非常精美。在新西兰不但可以吃到高水准的粤菜，还能吃到非常可口的烤鸭。奥克兰新移民将北京的鸭种从加拿大辗转带到了奥克兰繁殖饲养。

奥克兰市中心有一间较有特色的小食馆，小食馆内除了有云吞面、炒饭、粥外，还有油条、河粉等，随着移民潮的出现，这间小食馆亦门庭若市。不过，价钱却相当贵。

六、货币与银行服务

新西兰货币以元和分为单位，有面值为5元、10元、20元、50元、100元的纸币和5分、10分、20分、50分、1元、2元的硬币（1元=100分）。在任何一家银行或外汇兑换中心都可以用外币或旅行支票兑换新西兰货币，或用新西兰货币兑换外国货币，但要支付小额的手续费。大部分银行的营业时间是每周一至周五的早晨九点到下午四点半，周末不营业。你到达新西兰后应尽快在银行开一个账户，这样你就可以把钱直接从国外汇往你在新西兰的账户。这里的银行提供的服务包括支票账户、储蓄账户、自动取款、定期存款、电子汇款和外币兑换。

七、医疗

如果要享受和新西兰居民同样的医疗福利，你必须准备或已经在新西兰停留2年或更长的时间。但是，如果你在新西兰学习的时间不超过2年，你就必须支付你所需的一切医疗费用。新西兰有两种类型的医院：公立和私立的。在大部分情况下，无论你是去公立还是私立医院，你都必须付费。某些医疗保险不负担在公立医院的开销。

如果你在新西兰遇到了意外事故，你的治疗费用可能由意外伤害赔偿局（Accident Compensation Corporation，简称ACC）支付。这是一项由强制性保险金和纳税款共同资助的计划。多数情况下，你需要支付一部分事故治疗费，但保险是非常重要的。在新西兰，拥有医疗保险可帮你大大减少医疗保健的费用。通常的做法是，你先花钱购买一份保险，当你需要接受治疗时，就可以向保险公司要求你所需的费用。医疗保险能够支付新西兰国家保健系统所不提供的服务项目的费用。当你和你的家庭遇到财政困难，或由于严重的事故、疾病需要被送回国或进行国际疏散时，保险可使你减少经济和财产损失。UniCare保险和南十字星保险有限公司（Southern Cross Healthcare）两家机构将与其他保险公司一道，为来新西兰的旅游者和留学生提供专门的旅行和医疗保单。在新西兰逗留期间，留学生最好购买完整的医疗和旅行保险。大多数新西兰学校要求留学生买保险。新西兰某些紧急的医疗服务是免费的，而大部分医疗服务则是要付费的。有一些医疗服务只对新西兰人免费。如果得了病或发生了意外，你一定要知道自己享有哪些权利。

八、社会福利

新西兰长久以来以社会福利良好闻名，社会福利部是其主要的负责机构。只要取得PR（永久居留权）的任何新西兰居民，都能获得下列福利：

1. 子女津贴

任何有PR者的子女，每位每周都可获得6新西兰元的津贴，申请者必须在到达新西兰6个月内提出申请，而计算的日期是从到达之日算起，申请时必须提交小孩出生证明和住所等资料。一般而言，这项津贴的支付持续到小孩15岁。18岁以后的残障者则需申请其他种类的救济，子女津贴将不再适用。通常这项津贴多半支付给小孩的母亲，但是如果小孩不是由亲生母亲抚养，那么这项津贴将支付给照顾小孩的监护人。有时候子女津贴可以一次性支付，不需每周去领，譬如你可以以买房子作为理由要求一次性领取，免去每周申请的麻烦。

2. 家庭支助

对于收入低于某一水平的家庭，政府给予减税的补助，这就是家庭支助，它适用于单亲或双亲家庭。

3. 孤儿补助金

这项补助金支付给照顾孤儿的监护人，直到孤儿16岁，但是如果孤儿16岁仍在学习或身体有残疾，那么这项支付延长到孤儿18岁那年的年底。

4. 家务津贴

一个16岁或以上的新西兰人，如果必须在家或在医院照顾病人，而这个病人如果不是其丈夫或太太，即可申请此项津贴。

5. 重残津贴

一个完全失明或永久失去工作能力的人，可以定期获得收入以维持生活。

6. 卧病津贴

一个受伤或生病达数周以上的人，可以因为无法工作而申请此津贴，但是他必须提交医师证明，证明他的病实在太严重以致无法上班或工作。

7. 失业救济金

一个16岁或以上的人，如果能证明他真的无法工作，就可申请此项救济，但他必须愿意工作，也必须一直在找工作，同时必须在劳工局登记并和劳工局保持联系，方能享受这种福利。

但是有下列情形者，则不能获得失业救济金。

（1）未满16岁。

（2）罢工者。

（3）结婚，但另一方有工作者。

（4）住院。

（5）入监。

（6）获取意外赔偿金者。

（7）只愿意做半天工者。

8. 国家养老金

养老金的给付必须年满60岁，同时最后10年中必须有7年生活在新西兰，每6个月养老金会根据物价指数调整，申请者在到达60岁的头6个月内，必须提出申请。

（1）遗孀津贴。

对于丈夫死亡而有小孩要抚养的妇女，政府给予此项津贴。在某种情况下，寡妇没有小孩也可获得此项津贴。详情可咨询社会福利部。

（2）救急津贴。

在紧急状态下，你可以申请救急津贴，详情可咨询福利部。

（3）死亡抚恤金。

通常支付到死亡后的第四个礼拜，也可以一次给付，这项支付要视申请者收入多寡而定，支付详情也较为复杂。

（4）意外医疗给付。

新西兰的"意外伤害赔偿局"（ACC），对在新西兰的任何人（包含外来旅客），在任何时候、任何地点，对任何严重伤害、任何职业病害，都提供无条件的复健赔偿，详情如下：

治疗期间可领到原薪80%的工资。

领取合理的医药费和保健费用。

领取合理的照顾费用。

领取终身残疾、疤痕等赔偿。

如重伤死亡，家人可领取死亡给付。

领取合理丧葬费用（在新西兰下葬）。

得到为新工作所需的训练费用。

如衣物、牙齿等受损亦可获得赔偿。

领取因医疗而引起的交通费用。

如果在上班时间或在上班的路上或下班回家的路上受伤，那么雇主要负担部分赔偿。ACC（意外伤害赔偿局）理赔的步骤非常简单，只要携带医生开的诊断书，到任何邻近ACC办公室，填一份意外理赔表即可。

（5）住房津贴。

对于必须负担高租金、抵押贷款、房子保险、房子修理的家庭，政府有补助办法。

（6）特殊住所津贴。

对于无法得到其他福利，但又必须负担高租金的家庭的补助。

另外，新西兰与澳大利亚、英国及北爱尔兰都曾签订互惠协定，在这个协定之下，任何新西兰居民都可比照当地人获得同等福利，如果他们移居这些国家的话。

新西兰福利种类繁多，有些福利在审核申请前要求申请者必须在新西兰先住一段时间，这些规定的细节相当复杂，如有需要，可以向新西兰社会福利部咨询。

九、生活环境

新西兰的生活水准很高，在政府医药计划的辅助下，人们接受极为完备的免费健康检查。除了美国与加拿大之外，新西兰的国民年平均所得比世界其他国家都要高。70%的新西兰家庭都有自己的房子。

大多数的新西兰家庭是独门独院，四围还有小空地供种花种菜，在稍大些的都市，有高耸的公寓房。新西兰的天气冬暖夏凉，所以装冷气或中央暖气装置的家庭不多。夏天，打开窗户便能保持屋子凉爽通风；冬天，壁炉或电热器便足够保暖。

虽然将近80%的人口住在市区里，新西兰的城市却一点也不显得拥挤，甚至在市区也很少发生交通阻塞。大城市里有许多餐馆、冷饮店以及酒吧，还有戏院、音乐厅和其他娱乐场所。不过新西兰的都市生活却倾向宁静祥和，他们大多宁愿在家用餐与享受。

商店的营业时间通常是在星期一至星期四的9：00-17：30，在星期五则要营业到21：00。超级市场和一些大型商场的营业时间要长一些。在主要城市和旅游区，许多购物中心在星期六和星期天都全天营业。

新西兰人食用的乳酪与肉类比世界其他任何国家的人食用的都多。羊肉最受大众喜爱，新西兰人常用土豆配羊肉及其他肉类。最特殊的一道菜是由当地的一种绿蛤所煮成的汤菜。新西兰人多喜爱饮茶，最大众化的酒是啤酒。

新西兰人喜爱户外运动，许多家庭在度假区都拥有自己的小别墅。

新西兰全国的家庭用电统一为230V电压，50Hz的交流电。若用其他电压的电器须加上变压器。在多数的饭店房间都加装有供刮胡刀使用的110V直流电插座。一般在新西兰的插座都是扁平插脚的三脚插头，因此外国旅客用的电器多需更换或采用附加插头。新西兰的电视机以及录像机则以欧洲系统为主。

十、着装

新西兰处于南半球，气候和北半球相反，但春夏秋冬的季节差距不是很明显，只有日照时间的长短之别，可以说是个四季如春的国家。不过有时一天内气温变化较大，在一天之中甚至有四季变化的感觉。

新西兰旅行旺季在夏季（12月至次年2月），有许多观光客蜂拥而至。其他季节的游客比较少，想要慢慢品味新西兰的旅行者最好避免夏季前往。

新西兰是羊的王国，所以毛衣、帽子、袜子、围巾、手套等纯羊毛制品不仅多，而且具有新西兰特有的风格，是其他国家难以比拟的。其中，毛皮制的垫子最受欢迎，或铺在椅子上，或代替地毯铺在地上使用，很多店里都有把两张羊皮缝在一起的长形垫子。

另外，有一种叫作Back Skin的外套，将羊皮缝在里侧（也有使用鹿皮的），质地较厚，非常保暖。

通常新西兰人在普通场合里，衣着并不讲究，即使是最高级的饭店及夜总会，衣着只要整齐即可，不需刻意穿着礼服。

在暮春、夏季以及秋天穿着棉织衣物最适合了。除了盛夏时节，单薄的衣物是不足以应付新西兰的温带气候的，因此，在较冷的季节及山区，旅客必须准备御寒的羊毛衣及夹克。冬季时，应穿着外套以御寒。

十一、新西兰人的居住环境

从住屋的角度去看，新西兰每间屋都是独立洋房，均有前后花园，有的还有泳池。占地面积为6,000～8,000㎡不等。除了三房两厅外，必定有车库及工作间。

一般来说，每间屋的设计均不同。从每间屋的装修及花园的修饰即可见屋主的品位和性格。新西兰人重视家庭生活，他们的家有足够空间给他们充分发挥的机会。近年来大城市的房价迅速上升，加上对居住的要求有所改变，几个小单位合在一起的小型公寓与日增多，亦有将市内旧式大屋翻新改成公寓式住宅单位的。

新西兰政府，在衣食住行这四大需求中，特别重视住房的改善。虽然尚未达到所有居民都能"居者有其屋"，但自有住宅的普及率已达70%，只有30%的人租房住。政府兴建不少廉价住房，出租给领养老金的老人，也将新建大厦或花园式的平房租给一般小家庭居住，此外还有不少私人房屋出租。

十二、租房

关于租房，在一般发行的日报登广告招租的很多，或找房屋经纪商，或由亲友介绍。如果找房屋经纪商，按惯例，须向其支付1个星期的租金作为介绍费。

所租的住屋，其中有附带全部家具的，有只带部分家具的，或者没有家具的，但大多数都有厨房、炉灶及电冰箱。如住房中有前后花园，则必须备有修理花园的工具，如剪草机等。有部分出租的房屋限定居住人数，也有部分出租的房屋不租给有小孩或饲养猫狗的家庭。

至于租约，很少定期签订，如要解约双方须提前1个月协商。租金以1个星期计算，大多数情况下每2个星期交租一次，在搬进时交2个星期租金。此外承租人必须交4个星期的保证金给政府的信托部，解约后可以收回，如房客有拖欠房租或需要赔偿的情形可由该项保证金扣除。如有租赁等事项的纠纷则可请信托部仲裁。

找房子动作要快，如果你看到广告却没有马上行动，别人也许早就捷足先登了。房屋广告都是登在报纸的后几页，电话会登在广告里。如果你看到广告中有喜欢的房子，可以打电话给屋主或代理商。你可以向房主问任何问题，可以要求看房子，千万不要没看房子就决定。要确定房子有没有漏水的现象，水管有没有问题，门是否可以锁上，灯有没有故障。问清楚房东住何处，如果住在附近，那么房东就可能会照顾房客。问明如何付房租。如果你决定租下公寓或房子，可能要事先付2个星期的房租或押金。租赁法规定房东可以要求4个星期的房租作为押金。房东将押金交给租屋评议处。每一家房屋公司都有租屋评议处来调停房东和房客之间的纠纷。

搬入房屋前应和房东对房屋的状况有一个协议。要和房东或代理人仔细检查每件东西，列一份清单，把任何损坏的情形登记下来。要求房东或代理人签上名字和日期。租屋评议处有一种供核对用的清单。房东和房客可利用它来证明房屋的状况。

如果你要退房，必须提前21天通知房东，那么你可以要求退回押金。如果房子没有损坏，你可以拿回你的钱。如果房东和房客对于押金有争议，可以要求租屋评议处来帮忙。评议处会派人检查房屋的状况。

人权委托法案规定，房东因性别、宗教、婚姻状况、伦理信念或种族而拒绝出租房屋是违法的行为。如果你认为房东是基于这些因素而拒绝租给你房子，你可以向最近的人权委托处申诉。如果是种族因素，你可以向奥克兰、惠灵顿或基督城的种族关系协调会申诉。其他地区的人可以找市民咨询局。

你租的房屋就是你的住处。如果你定期缴租金而且表现良好的话，那么房东就不可以骚扰你。房东有权利来查看他的财产，但必须提前24小时通知你。

房东如果要修理东西也必须提前24小时通知。房东亦可以带可能的买主来看房子，但必须提前48小时通知你。

如果你弄坏东西必须自己修理，甚至你朋友不小心弄坏的东西亦必须由你负责赔偿。你必须定期缴纳房租，也须维护房子的状况，而且你不能太喧嚣以免扰及他人。如果你想饲养小动物必须经过房东同意。

如果你认为你付的房租高了些，你可以经由房屋公司申请"合理房租调整"。打电话告诉最近的房屋公司办事处，租屋法庭会决定你的房租是否合理。要记住都市的房价都比较高。

房东每6个月可增加房租。房屋的涨幅并没有任何的限制，房东如要涨房租须提前60天通知房客。如果房租涨幅太大，你可以要求"合理房租调整"，也可以联络房客保障工会。

如果要搬家必须提前21天通知房东，而房东如果要房客搬家通常需提前90天通知。如果房东要卖房子或房东要自己住，那么必须提前42天通知。

如果房客有特殊的书面约定，如3年租约，房东就不能在租约期满前要求房客搬家。如果你有这种定期的约定，那么在签署前应请律师看过。不过，如果房东和房客达成协议，那么这种提前通知的时间可以缩短。

十三、购屋

在新西兰购屋有两种方式：一是购买成屋；二是购地自建。但后者较少采用，因成品房较多，而自建房屋手续烦琐，购买市中心区的土地权不容易，一般来说房价过高，所以购买成品房的比率占90%。新西兰的居民多数只将旧屋内部稍微修改，外表仍保存原状，多为单层别墅，保养良好。在新西兰，住宅区的性质不可更动，例如，住宅绝不可改设为商店。外国人士在新西兰也可购屋，且不需缴纳印花税。大部分的土地都附有土地权。买房屋时的面积通常不包括空地或车库。一般所说房屋面积均指房屋本身。

购买房屋一般从报纸的广告栏中得到信息，然后请房屋经纪人介绍。在请经纪人时，应先告诉经纪人要购买的房屋须具备怎样的设备及拟购价格。例如，须交通便利或靠近商场，及该屋是否容易出售等，以便经纪人有所依据。看过房屋之后，经纪人可代为讨价还价。当买卖双方达成交易时，可由经纪人代订买卖契约。契约订妥后，应先请律师审查，并请律师调查所买房屋一切有关所有权、债务、地权等法律问题。经纪人佣金一般由卖方支付。

新西兰的房屋多用木材建造，以预防地震及保温，一般每三四年重新油漆一次。旧屋木料坚实，较新建的更优。房屋在出售时已有地毯、窗帘及照明装置，家具则必须自行购买。

十四、就业环境

多数人在新西兰找工作都是看报纸上的分类广告。广告中对求才的对象、资历、待遇都有详细说明。每周三及周五的求才广告特别多。广告用词多用缩写，因此，对初到新西兰的中国人可能有些难度。除报纸上的求才广告，一些大的购物中心及超级市场也会张贴求才广告。有些工厂或商店则将求才广告直接张贴在门外，有意者可直接洽谈。

另有一种找工作的方法是毛遂自荐，由求职者打电话或写信给政府机构，并留下自己的工作资料。这样即使政府机构当时无法安排任何工作，也会将你的资料存档，以便职位空缺时可以增加聘用的机会。

政府机构是最理想的求职场所，因为机构庞大，工作种类繁多，常有职位空缺。政府机构每星期都有一份周报刊登需要人才的分支机构名称及地址，供员工传阅，推荐人才。教育部也出版月刊刊登教师需求的启事。政府的周报和教育部的月刊在公共图书馆都有陈列，此外，也可以在政府的邮电局买到。

专门职业部门，如会计师事务所、律师事务所等，本身有刊印会报，其中也会刊登人才需求启事。在私人企业中都设有人事部门，对于暂时无法录用的求职者，也会存留档案，以备日后之需。

政府的劳工部在很多大城市都设有就业辅导中心。这些中心的地址及电话号码在电话簿中都可以找到。它们可提供免费求职或职业训练机会，并且会在布告栏张贴求才的启事，求职者应将自己的姓名、住址、年龄、学历背景、希望的工作、待遇等详细填写后交给就业辅导中心。如果遇到适合的工作，就业辅导中心就会通知面试。对于语言能力差的求职者，就业辅导中心也会提供翻译。

在新西兰，工会种类繁多且非常普遍，有些工作必须是工会会员才可担任，有些是就职后必须加入工会，有些工作则无这些限制。在新西兰，除高级职员及商人外，多数的工作都有工会介入。员工如因特别原因无法加入工会，必须提出申请，经工会同意后才能继续工作。工会的目的是在保障会员的权益，在争取基本工资、工作时间、加班费、休假、病假、工作条件等方面，一般都由工会出面与资方洽谈，很少由员工直接与资方谈判。加入工会者，每月须缴纳会费。

私人企业大部分都有工会组织，工人必须加入工会。公务人员亦有自己的工会，但是可以自由参加，没有硬性规定。一般大城市里都有工会会所，会所有很多工会。新西兰的工会种类繁多，几乎每种工作，如餐厅、服务员、售货员、公司职员等，都有工会。而一定规模的大公司，往往会因为营业范围广泛，而必须牵涉许多不同的工会，较为麻烦。

新西兰倡导同工同酬。同样的工作，在法律上男女可领取同样的薪水。对同等能力、责任及情况的工作，法律要求报酬必须一致。

法律明文规定女人必须得到和同职男性同样的薪资。任何超过每周40个小时的工作就算加班，必须支付加班费。大部分人每周工作5天，周一至周五，周末不上班。如果你周六加班，最初的3个小时你的报酬通常是平时的一倍半，3个小时以后则为两倍；星期天的加班费通常也是两倍。如果你的工作时间就在周六和周日，你的报酬也是照两倍计算，你的休假日便是周末以外的任何两天。

法定假日，每个人都有权休假。如果必须在法定假日上班（如护士、清洁工等），将多得两倍的报酬（这表示可以得到3份报酬）。

每周的工作时间大都不超过40小时，超过40小时则视为加班。加班费以每天计算。计算方法为起先的3小时用1.5乘以每小时薪资；超过3小时，则为两倍。

大部分人每周工作5天。星期六、日工作，则为加班，加班费的计算方法与平常一样。近年来，很多公司实行弹性上班，由员工自行调度工作时间。法定假日的上班也等同加班。工作超过1年者，可有3个星期的假期。工作超过8年者，有4个星期的假期。

每份工作都有基本工资。工资的资料在政府劳工部或工会都可查询。通常发放工资都已代扣税金、工会会费、保险费等。薪水单上对工作时间、加班、代扣项目等每项都会列明。有些公司会代员工缴付意外保险费。薪资每星期发一次，也有月薪制，一月发一次，大、小夜班的工资较日班高。

很多较大的公司都有退休福利制度，虽然新西兰有国家养老金，但是仍有很多员工参与公司的退休计划。

职业妇女有14个星期的产假。请产假时留职停薪。产假可自婴儿出生前6个星期开始。初次当父亲的男士也有两个星期的陪产假期，但须自婴儿出生后才可开始请假。

怀孕期间妇女有10天的假，以方便作检查及参与教育课程等。如果需要更长的假期，也可提出申请，最长可达5个星期，公司仍会继续为其保留该份工作。

在新西兰有很多提供给家庭主妇的工作机会，这些工作一天只需上班几个小时。很多保险公司或银行所要求的工作时间多半为上午10：00至下午2：00。有些大的服务公司或政府机构也提供同样的工作机会。这类工作的薪水以小时计，由于不是全天候的工作，所以许多福利条件无法与全天工作相提并论。

经营者解雇员工，都会把理由告诉员工。员工如果觉得理由不当，可以请工会出面谈判，甚至可到劳工部申诉。如果查明不合理，将可继续工作下去或要求补偿。公司辞退员工须在一个月前通知。临时解雇者，须付一个月薪资。员工辞职也须在一个月前通知雇主。

如公司因裁员或结束营业解雇员工时，公司必须给员工补偿。

十五、留学条件

1. 入学条件

以下是进入大学、理工学院和中学学习最基本的入学条件。你应该向你所申请的学校索取详细的入学要求。

要进入大学本科学习，申请者必须在中国国内一所国家认可的大学学完一年级课程，另外还必须出具英语能力证明。许多外国学生进入新西兰高中学习，即Forms 5~7，以准备进入大学学习。目前有怀卡托、奥塔哥、奥克兰等多所大学为留学生开设了大学基础课程。这些课程为期1年，旨在为外国学生进入新西兰大学学习作准备。它的招生对象是那些英语好，并已在国内上完高中，而且希望经过1年的学习之后进入新西兰大学学习的学生。

申请者必须出具英语能力证明以及优良的高中成绩单，才能参加高等技术专科院校证书和毕业证（Polytechnic Certificate and Diploma）课程的学习。希望学习新西兰理工学院学位课程的学生则必须通过新西兰大学助学金考试（New Zealand Bursary），或同等学历的外国考试，并且具备一定的英语水平，即IELTS最低6分，TOEFL最低550分。

如果名额允许，新西兰的中学通常都全年招生，学生可在一年中任何时间入学。如果学生想在Form 7时参加大学助学金考试，那么最好在新西兰中学学习3年，或者先在一所新西兰语言学校学习精读英语课程，再在新西兰的中学学习2年。这样做主要是为了将学生的英语能力和对科目的理解能力提高到足以参加考试的水平。

2. 英语要求

学习大学课程的学生，英语必须达到合格标准。因为所有的课程都用英语授课，学生应具有良好的英语听、说、写能力才能在学业上取得成功。大多数新西兰大学和许多私立英语学校都提供英语训练课程，使学生达到入学标准规定的英语水平。许多新西兰学校都提供通过TOEFL和IELTS考试的准备课程，以及英语深造的课程。对学习学位课程的学生，英语入学分数标准是TOEFL最低550分，IELTS最低6分。

3. 食宿方式

学生和某一户新西兰家庭生活在一起，并拥有自己的房间。寄宿家庭把留学生当作自己家庭的一员，并提供早餐和晚餐，在周末还有午餐。这些寄宿家庭都是经过仔细挑选的，他们会给留学生提供一个安全的、无微不至的环境，留学生还可以利用这个大好机会练习英语。这种食宿方式的费用是每星期120～200新西兰元，包含每日的饭费。学生宿舍和旅馆学生宿舍以及旅馆通常位于校园内或靠近学校，学生可选择单人间或双人间。大部分宿舍都提供一日三餐，但有的在周末不供应午餐。学生宿舍的环境方便、安全而且设施良好，有公共娱乐区、电视、录像、户外休闲区和各种学习设施。这种方式的费用是每星期140～200新西兰元（含饭费）。许多教育机构会帮助学生找公寓，食宿可以安排在有两个小单人间的公寓或有三至四个房间的私人住宅中，每星期的费用是60～100新西兰元，另加饭费、电话费和电费。新西兰的饮食有本地的和进口的美食，物资丰富而且价格低廉，以奶制品为主。新西兰是嫩羊肉、鹿肉和牛肉的主要生产国。在商店里可以买到各种水果。新西兰人的饮食结构十分均衡，晚餐通常是一天中的正餐，以蔬菜或鱼、肉为主，也吃土豆、米饭和面食。这里有各种各样的餐馆、咖啡店、外卖店和快餐店，从非常专业而且昂贵的晚餐餐馆到简易的餐厅应有尽有。除了新西兰风味的佳肴，学生们还能品尝到世界各国和各民族的风味美食，在一些主要城市还可以找到中国餐馆。

4. 留学费用

新西兰不同的学校和课程有不同的收费标准。在大多数情况下，留学生应在获得学生签证之前交纳学费。

大学本科的文科、商学和法学每年的学费10,000～16,000新西兰元；与实验室有关的课程，如自然科学、农业科学每年的学费14,000～18,500新西兰元；工程学每年的学费9,900～15,600新西兰元。学校也提供短期课程，学费相应要低一些。中学平均每年的学费为8,000新西兰元。

5. 英语课程

根据教授英语课程的学校不同，其相应的学费相差也很悬殊。英语精读课程平均每周的费用约为230新西兰元，每星期160～200新西兰元的生活费，该费用将包括吃饭、穿衣、交通、娱乐、保险和住宿等费用。

6. 服装要求

根据开课时间和留学时间长短的不同，你所应准备的服装也不同。夏季穿薄衣就足够了，而在冬季则要准备好毛衣和夹克之类的保暖服装。新西兰的生活方式很休闲，所以在大部分场合着装都很随意。外国学生最好能带上他们本国的民族服装，这样便于他们参加学校组织的社交活动。

7. 留学服务

许多教育机构都设有留学生办公室，为留学生提供一系列服务，包括入学注册和熟悉学校。所有新西兰的教育机构都有专门的学生福利与帮助服务项目，为学生解决问题或困难。通常学校有受过专门训练的顾问或特别指定的教职员负责学生工作。在某些情况下，学校还可特别为外国学生安排顾问，这些顾问通常都可以说学生的本国语言。

第二章　新西兰法律

The New Zealand
Immigration Analysis

第一节
司法体系和法院结构

法院是执行国家法律，处理当事人双方或多方纠纷的机构。新西兰的法院体系由低到高有4层司法管辖权：

地区法院（District Court）；

新西兰高等法院（High Court of New Zealand）；

上诉法院（Court of Appeal）；

司法委员会（Judicial Committee of the Privy Council，设在英国的枢密院）。

此外，还有一些处理专门事务和纠纷的法院，如家庭法院、青少年法院、（劳动）雇佣法院、毛利族土地法院等，它们与地区法院并行，案件上诉可以到高等法院或上诉法院。一般的民事裁判庭，如纠纷裁判庭（也称小额钱债裁判所）、房屋租赁裁判庭附属于地区法院。它们是具有准司法性质的机构，当事人可自己选择去裁判庭或直接去地区法院。

需要说明的是，新西兰法院实行的是等级制，即法院按其管辖权大小由低到高逐级上诉，上一级法院对下一级法院审理的案件也有审核权。但也有例外情况，比如行政诉讼裁判庭也可以直接上诉到上诉法院。

下面将逐一介绍一下主要的法院和裁判庭的职能和审判案件的程序。

一、地区法院

地区法院受理的案件最多，最繁杂，一些特别法院如家庭法院、青少年法院、纠纷裁判庭等的设置便是为了分担地区法院的案件审理工作。这些特别法院属于地区法院的分庭或附属于地区法院以下，是具有准司法性质的裁判机构（如纠纷裁判庭）。它们的地点也一般紧靠地区法院，有的是在同一栋大楼内。

新西兰的地区法院在全国大约有100个。地区法院的法官是由司法部长推荐，检察总长任命的。他们的人数法定全国不得超过103个。法官的人选必须是具有7年以上执业经验的律师。各地区法院有一名被指派的主法官。在家庭法院和青少年法院的法官必须是具有相关领域的丰富经验和特别资格的人选。此外，对一些轻微的民事或刑事案件，有时也可以由两名治安法官来审理。

地区法院的管辖权可按民事案、刑事案和上诉案划分为三种类型。

1. 地区法院民事案的管辖权范围

侵权或合同纠纷案：金额在20万新西兰元以下。

土地纠纷：年租金6.25万新西兰元以下，土地价值在50万新西兰元以下。

请求赔偿（如请求执行某合同）：金额不超过20万新西兰元。

2. 地区法院刑事案的管辖权范围

所有轻微犯罪案。此类案件按其性质有不同的审讯形式，比如由法官单独审讯或会同陪审团共同审讯。如遇侵权案件或有法律明文规定的情况下，这些案件也可由两名治安法官来审理。另外还需了解的是，在通常情况下地区法院对轻微但可以起诉的犯罪有权作出的判决最高不得超过3个月，罚款最高不得超过4,000新西兰元。但在有陪审团参加审判的情况下，地区法院有权作出法律规定的最长的监禁或罚款最高至1万新西兰元的判决。除此之外，对于法律规定地区法院无权审理的案件，应提交高等法院审理。

3. 地区法院具有有限的上诉案受理权

最常受理的上诉案是来自纠纷裁判庭和房屋租赁裁判庭的案件。对地方当局行政机构以及其他法定组织（比如某些职业组织协会）判决不服的，也可以上诉到地区法院请求对案件进行重审。

地区法院的审案包括接受申诉、听证、休庭、预审和判决等程序，其程序不像高等法院那样非常正式。听证的过程也多是陈述事实，没有过多的法庭辩论。此外，地区法院对刑事案件的公诉人通常是警察局的高级职员，而非律师。

二、家庭法院

新西兰的家庭法院是1981年设立的，设立的目的是为解决家庭纠纷提供一个适当的裁判场所。因为家庭中的纠纷不仅涉及法律问题，还有它的特殊性，比如个人行为及感情的因素。

家庭法院的主要职能是：

（1）对家庭纠纷提供调解的程序（包括咨询和调解方式）；

（2）提供社会援助服务，比如心理学咨询、精神病学咨询和调解人服务。

在家庭法院中的案件审理程序是非辩论式的，因而旁听案件的过程是开放的和非正式的。法院力求提供一个舒适的环境以利于当事人（大多是同一家庭的成员）平息情绪和心理压力。家庭法院不对外公开听证，以利于维护当事人的隐私权。

家庭法院属于地区法院的分庭，其法官同时也是地区法院的法官。但他们的选派则是由具有家庭法律专门知识、经验丰富和具有适合个人品质的法官来担任的。

家庭法院的审案范围是按家庭法律条文所规定的范围，通常有结婚、收养、子女监护权、婚姻财产、分居、离异、抚养（未成年者或离婚妻子）、家庭人身保护等的纠纷或案件。

家庭法院的管辖权范围近年来有所增加，新增的可受理的事务如下：

（1）对没有刑事能力的财产受理人的财产管理案件；

（2）虐待儿童案；

（3）家庭遗嘱变更，对未成年子女的法庭保护。

三、青少年法院

青少年法院的审案程序与家庭法院类似，比如它们都强调非正式性调解、咨询的程序。除非是对公共利益有要求的，对青少年的刑事案件如果有其他的解决方法，一般不予起诉。这就使得法院对此类案件的处理方式中，法庭解决是作为最后的选择方式的。大量案件是通过警察警告，家庭成员会议来处理的。青少年法院的法官也是地区法院的法官。除法官以外，还有大量的青少年法律协调人。他们帮助安排家庭成员会议，对青少年案件进行咨询和调解。

四、纠纷裁判庭

附属于地区法院之下的纠纷裁判庭，原名也叫小额钱债申诉裁判庭。它设立于1976年，其主要职能是为纠纷当事人提供一个不上法院的选择性解决纠纷的途径，以达到省时、省钱的目的。纠纷裁判庭不是法院，纠纷裁判庭由裁判人主持。他们并不要求一定具有特别的法律知识或训练，一般只要求他们具有良好的个人品质，以及适于做裁判人的知识经验。

纠纷裁判的方式是鼓励纠纷当事人通过相互协商或调解达成协议。协议如果不能达成或者达成的协议不适当，裁判人也可以对纠纷进行裁决。裁判人的裁决一般并不是严格依照法律条文规定的当事人的权利和义务等形式来进行的。因此，当事人不应该因为仅仅依赖于某个裁判人的"公正"而不敢提出自己的合法要求。纠纷裁判庭受理案件的条件是有纠纷存在。要求在合同、契约或侵权赔偿约定的金额不超过3,000新西兰元。如双方都同意采用裁决方式的，也可以达到5,000新西兰元。裁判的纠纷案范围很广，如有关合同法、消费者保护法、公平贸易法和租赁购买法的纠纷等。还有一些特别的纠纷如地租、可动产、雇佣和房屋租赁等也在它的管辖之内。

与纠纷裁判庭性质和职能相似的还有雇佣裁判庭、房屋租赁裁判庭、规划裁判庭等。

五、高等法院

新西兰的高等法院，原名叫最高法院。在全国各个大地区都设有分庭。高等法院的法官是永久性的，由首席法官领导。高等法院的法官由检察总长推荐，总督任命。法官的资格必须是有执业经验7年以上的律师。高等法院的案件可单独由一名高等法官来审理，但有法律规定需两名以上法官来审理的情况例外。

在司法权上，高等法院享有直接的和无限制的管辖权和上诉受理权。按照1908年法院组织法第十六条，高等法院具有所有执行新西兰法律的权力。这意味着它不仅享有地区法院所没有的其他司法权，还可以强制听取原本属于地区法院管辖权内的案例审理。按法律规定，有些案例只有高等法院才有权听证，比如财产托管、遗嘱、合伙关系、海事纠纷及选举请愿等。

在民事案件方面，所有在地方法院管辖权以外的案件都应由高等法院来审理。如某一案例涉及金额超过50,000新西兰元，当事人有权请求将此案件转入高等法院审理。但在涉及的金额不足50,000新西兰元时，地区法院法官根据案件是否涉及有关法律和事实的疑难问题，有权力决定是否准许将案件递交至高等法院审理。

在刑事案件方面，高等法院审理较为严重的刑事案件。它也对在地区法院中被告已认罪的案件作出刑事制裁宣判。所有在高等法院起诉的案件，一般都要求在地区法院作出初审，以便取得足够的证据用于高等法院的诉讼。

高等法院的诉讼程序是非常正式的，有时必须有陪审团参加。高等法院有权受理由地区法院、家庭法院、青少年法院直接上诉的案件，不管是民事或刑事案。民事案涉及的金额少于500新西兰元时，如要上诉到高院须得到地区法院的准允。

刑事案件除在地区法院有陪审团参加的判决可以直接上诉到上诉法院而不须经过高等法院外，其他情况都可以上诉至高等法院。另外，在高等法院也可以审理由公诉人针对地区法院的判决而提出的上诉，该上诉是需要得到检察总长许可的。

在新西兰高等法院，审案程序是非常正式和传统的。诉讼的形式采用辩论制，也称两造诉讼制。与纠问诉讼制不同，辩论制允许当事人双方的律师在法庭上针对案件事实进行辩论。

法官作为公正的一方并不参加对案情的调查。但在最后可以根据当事人双方律师所陈述的事实作出判决，即裁定哪一方是"赢家"。在有陪审团的情况下，法官将与陪审团讨论案情及法律问题，然后作出判决。

另外，在诉讼之前，法官有时需要考虑其他的有关事项，比如保释请求、陈述许可，或作出临时法院命令或称中间判断（例如禁止令、取缔令等）以防止有害行为的发生，对之采取必要的补救措施。此外，对于应否采取陪审团参与高院审判的规定是，刑事案件诉讼必须有12名成员组成的陪审团参与审判，而在民事诉讼中，就很少采用陪审团参与的形式，而且一般只由一名高院法官独自审理。

六、上诉法院

上诉法院的主要职能在于解释和澄清法律的疑难问题。它只有非常有限的原始司法管辖权，在特别情况下，它可以听证由高等法院递送上来的非常重大和疑难的刑事案件。它的判案质量必须有很高水准以彰显于它的国际影响。在上诉受理权方面，民事案件可以由高等法院上诉到上诉法院，但如果某原始案件是由更低一级的法院（如地区法院）审理时，此案要上诉到上诉法院必须得到高等法院以及上诉法院两家的同意。在特殊情况下，即案件涉及特别的法律疑难问题时，法律上允许下一级法院可以越级高等法院而直接上诉到上诉法院。在刑事案件的上诉过程中，上诉法院可以听证被起诉案件的定罪及量刑的判决。

　　在新西兰，上诉法院只设在首都惠灵顿一处。上诉法院由首席大法官（国家最高级别的法官）、上诉院院长以及6名永久性的上诉法院法官组成。上诉法院的成员同时也是高等法院成员。对任何提交到上诉法院的案件都必须有至少3名以上上诉法院的法官审理，除非在有必要请求准允上诉到英国枢密院的案例，此时一般只需两名上诉法院法官审理即可。在特别重大的案例中，则要求5名或全部7名上诉法院的法官都必须到庭。

　　上诉法院的审案程序是比较不正式的。法官和到席的其他顾问通常会针对案例自由地讨论和交换意见。这情形类似于在法学院召开的研讨会。按规定上诉法院可以重新听证案件的事实。但是通常情况下，上诉法院只是审理下级法院的审讯记录或者听取高等法院一名法官的案情陈述，然后由上诉法院作出意见一致的判决。但有时判决是由一名上诉法院的法官单独作出的。

　　上诉法院的判决在多数情况下将作终审判决。因为在当今，新西兰的案例上诉到英国枢密院（形式上的终审机构）已十分少见。

　　需要说明的是设在英国伦敦的枢密院实际上并不是一个法院，而只是英女皇的一个顾问机构。在现代新西兰的司法体系中，枢密院虽还是形式上的最高司法机构，但是，对它在新西兰的司法管辖的实际效力及其应否继续存在的问题，一直处于争论之中。参照其他英联邦国家的情况，比如在澳大利亚、加拿大，现在已终止了上诉到英国枢密院。因此，在新西兰它能否继续存在，答案也是显而易见的了。

第二节
法律援助和公民的权利

一、什么是法律援助

什么是法律援助？法律援助是一项由政府资助的社会服务计划，这一服务通常是不收费的或按照你的收入收取很少的费用。因为新西兰的法律援助就是专为那些需要找律师却又付不起律师费的人设置的。

得到法律援助或其他法律服务是公民的一项权利。包括三种形式：民事、刑事案方面的法律援助，法院的律师服务，以及警察拘留时的律师援助。这些服务所需的律师费、法院出庭费以及其他费用，除了按申请援助时评估的所应该支付的费用外，其他均是由政府援助计划支付的。新西兰法律事务局，每年在此计划上的开销将近6,000万新西兰元。当然这笔支出最终还是纳税人出的。

二、申请人的资格

什么人有资格申请法律援助呢？对于这个问题，你不一定要是新西兰的公民或永久居民，如果你是探亲、旅游或短期工作的，同样也可以得到法律援助。你在申请法律援助时需要填写一张申请表（可在公民咨询局、社会法律中心或法院拿到），表上有详细栏目了解你的家庭收入、财产和所涉及的纠纷或案件。然后通过公民咨询局、社会法律中心或法院上交到地区法律服务委员会，他们会来信给你答复收费多少。

三、申请法律援助的范围

什么样的纠纷或事情可以得到法律援助呢？在新西兰，并不是所有事情都需要找法律援助的。譬如当你的案件没有必要到法庭时，你可以找公民咨询局或社会法律中心得到免费的律师咨询。或者，当你决定要上纠纷裁判庭去处理你的案件时，也是不需要法律援助的，因为纠纷裁判庭本身就是不收费的。另外，像订立遗嘱、商务合同之类的不属于法律援助的范围。

1. 民事方面

夫妻财产分配；

子女监管权、探望权或得到抚养费；

人身保护权申请；

房屋租赁纠纷；

破产或债务清偿；

催讨债务；

雇佣（就业、工资报酬、工伤等）纠纷；

移民和避难申请的上诉；

其他各种由地区法院裁判的上诉。

2. 刑事方面

严重的交通肇事；

财产勒索或威吓；

故意伤害罪或严重暴力行为；

盗窃或窝藏罪；

性袭击、性犯罪；

私藏无牌照的武器；

贩卖或吸食毒品。

以上涉及的案件无论你是被告人还是受害人都可以申请法律援助。如果得到法律援助，你可以选择律师为你出庭，比如到地区法院、家庭法院进行辩护，或帮助处理房屋裁判庭、雇佣裁判庭中审理的纠纷。律师的名单在法院、地区法律中心或公民咨询局都可以得到。你也可以直接找到你更信任的律师（比如华人律师），问他们是否愿意受理法律援助的案件。

此外，如果是刑事问题受到警察的扣留或查问，不管你是否事先申请过法律援助，你都有权利先请律师（警察局长会给你一个律师名单），其后回答警察的提问。至于在法庭上，如果你没有钱请律师，法院也会给你指派一名律师为你辩护。

平时，在法院（特别是地区法院一级）也有值班律师，你遇到紧急事情时，也可以问法院是否能得到他们的帮助。这些都是属于新西兰法律援助计划的一部分，是不收费的。

需要注意的是，民事方面的法律援助分为以下几种情况：

第一，如果案件涉及催钱讨债或房地产变卖，你需要去律师事务所找律师帮助，而对你的法律援助费用也需要在案子成功后部分支付，这称为分担费。至于付多少以及如何支付，可以与律师商谈。

第二，如果你的年龄未满20岁，当事情是有关家庭暴力的，你可以得到特别的法律援助且不需要付钱。你需要在律师处填写一份法律援助申请书。

第三，在涉及家庭关系的其他案件，或是事情涉及很小的纠纷时，你也可以得到免费的咨询或调解，这取决于双方当事人是否同意接受咨询或调解。如双方同意，找公民咨询局、地区法律中心或法院都可以给你安排这种服务。

第三节
移民法与就业平等权利

　　新西兰是一个具有长久移民历史的国家。近些年来，它以平均每年3万人口移民的速度吸纳来自世界各地，特别是亚洲国家的移民。此一移民数量与人口相当于新西兰5倍之多的澳大利亚每年的移民人口数量几乎相等。到2030年，新西兰的人口将出现负增长。移民将作为政府的一项基本人口政策，政府的移民政策应不仅仅着眼于移民所带给这个国家的经济利益，而应当着眼于新来到这个国家的人——移民如何将自己的才能贡献于这个国家，建立一个真正多元化且又紧密联合的社会。

　　内政部门民族事务处在1994年的一项调查中发现，阻碍技术移民就业的障碍特别严重地出现在对海外学历和专业资格的认可问题上。因为按照法律，许多专业技术领域上的就业必须得到相关专业协会团体的注册和资格承认，才能从事技术工作。比如，从事医疗专业的人员，必须得到新西兰医学协会的资格认可。而要取得该协会的资格证书，海外受训的医生都必须参加三个阶段的考试。首先是英语IELTS必须达到7.5分水平；其次是医学知识考试和实习考试。每一个阶段的考试只有在通过前一阶段后才能进入下一阶段的考试。考试的费用十分高昂。但如果其中有一门考试失败则要重考，这样考试费用就会更高。其他行业比如律师、教师、会计、计算机软件工程师都有类似的情况。为了限制无照执业及保证专业质量，各专业团体协会都有严格的注册及执业规章制度，应该说是合理且必要的。因此，真正决定移民的专业技术资格能否得到认可并得到就业机会的专业团体协会掌握着生杀大权。

第三章　IELTS（雅思）考试

The New Zealand
Immigration Analysis

第一节
IELTS（雅思）考试概述

　　IELTS（International English Language Testing System）雅思考试由University of Cambridge Local Examinations Syndicate，The British Council 及 IDP Education Australia三家机构共同参与组织设计，并由英国文化教育委员会（The British Council）负责在世界各地组织考试。中国的英国大使馆文化教育处专门设有考试部，负责IELTS考试工作。

　　在大多数国家中只有一个考试类型——学术类，用于测试考生的学术水平。在其他一些国家里，特别是在澳大利亚和新西兰的IELTS中心，也有采取普通类考试的可能。普通类的阅读和写作测试要求比学术类的测试低，但听力和口语测试在两种IELTS考试中都是一样的。

　　题中不会考核某一学科的特定知识，只考英语水平。

　　通常会在考试两周内公布考试结果。

　　IELTS考试是非英语国家的人士赴英联邦国家高等教育机构就读所必须通过的语言测试。现在大多数的英联邦国家对申请技术移民的人士也采用了该考试，作为衡量申请人英语水准的尺度。

　　英国、澳大利亚、新西兰、加拿大以及许多国家的众多院校均采用并认可这一语言测试系统。

　　加拿大、澳大利亚、新西兰等国家的移民局均将这种考试成绩作为技术移民及其他类移民中衡量英语语言能力的唯一标准。

　　英国高等院校接受申请人的TOEFL成绩，但他们更希望申请人有IELTS成绩，因为IELTS成绩可以直接反映考生的口试和写作能力。现在美国有50多所大学也认可IELTS成绩。

　　根据经验，一名有中级英语基础的考生通过有关参考书籍的学习或考前复习培训班，两三个月后便可以参加雅思考试。

　　IELTS考试成绩在2年之内有效。无论是移民还是留学，国家或学校对分数段均有各自的标准。IELTS与TOEFL、GRE不同的是，其考试中有一类General Training，被大多数英联邦国家确立为移民申请英语能力考试。随着加拿大、新西兰、澳大利亚移民的热潮，这项考试近年在出国族中异常火爆！

　　目前在中国办理移民，雅思考试所需达到的水准：

　　澳大利亚技术移民需要申请者达到6分；

　　新西兰技术移民需要申请者达到5分；

　　加拿大技术移民免面试，需要申请者（在阅读、写作、口语三项）达到5分。

　　到下面这些国家的大学学习专业课，雅思考试所需达到的水准：

　　英国通常需要6分以上；

　　澳大利亚6分；

　　加拿大6分；

　　新西兰6分；

　　新加坡6分；

　　英国预科学习需要4.5分以上。

第二节
IELTS（雅思）考试试卷结构

IELTS考试共计2小时45分钟，包含听力、阅读、写作和口语4个部分。IELTS共分两类：学术类和普通类，出国留学的考生参加学术类的考试，移民定居的考生参加普通类的考试。

一、听力测试（Listening）

学术类和普通类考试是相同的试题。

听力测试大约需要40分钟：其中30分钟用于听磁带和答题，10分钟用于把答案写到答题纸上。

测试分为4个部分，磁带录音只播放一遍。通常考生会听到4段录音（独白部分及2人或多人对话部分）。共有38～42小题，考生只听到一次录音，不会重复，边听边作答。所以考生在作答时，千万别等到录音结束才作答，也不要回头作答，考生可把答案先写在试卷上，30分钟会话结束后，利用额外的10分钟，再将答案抄写在答题纸上。

前两段录音中，内容以一般生活及社会状态、人际关系等不同情况的模拟为主，后两段则以教育性、学术性、世界性的主题探讨、对答（叙述）为主，但因其注重实际性、常识性，考生不必钻牛角尖。

在会话进行中，边听边记录将所听到的重点答案记在问卷上（非答案卷），以免忘记或漏掉答案。

在答题过程中，听力段落会越来越难。

第一部分是关于社会或生活方面的内容。例如旅行安排，参观一个新城市，或制订外出计划。通常为至少2个人之间的对话。

第二部分也是关于社会或生活方面的内容。例如新闻广播、描写大学中的便利设施。通常是只有一个人口述的段落。

第三部分一般是关于教育和培训的内容。例如一群学生计划一个科研项目，或一个导师和一个学生讨论职业的选择。通常是4个人之间的对话。

第四部分也是关于教育和培训的内容。例如一篇关于普遍关注的学术问题的演讲或报告。

在听力测试中，拼写不是很重要，除非磁带中逐个字母地拼出了单词你才必须拼写得准确无误。

答案要字迹清晰，在所有类型的答案中，字母、数字和词组都应清晰可辨。

答听力题时，应把答案写在问卷上。答题结束后，有10分钟的时间将它们仔细抄到答题纸上。注意，抄写每个答案时都要准确清晰。

二、阅读测试（Reading）

学术类与普通类的考题都以"三大段"的文章为基本结构，内容多样，甚至有时以图表的方式出现，有1,500～3,000字，38～42题，学生亦有多种答题的方式。

阅读部分的题目并不是为了考查学生对专业的认知程度，所以考生不要因为对题目陌生而紧张。阅读测试分为3部分，有3个段落，共计60分钟。在答题过程中，阅读段落会越来越难。段落节选自杂志、书籍和报纸。所有内容都是大众所关注的，而不是专业性很强的话题。

学术类不但考生活化方面的知识，还考学业上、学术方面的知识，而普通类侧重于社会的、语言的、工作训练等的题目。

阅读段落至少有一段会包括一个论点，如果某一阅读段落含有科技的或专业性的术语，题中常会给出一个词汇表。

问题可能出现在段落前，也可能出现在段落后。导言和例题会在开头给出。

答阅读测试题时，必须把答案写在答题纸上。

普通类的第一部分包含一篇文章，这篇文章中的问题一般涉及考生的基本英语能力。第二部分包含一篇文章，该文章是关于某种培训的计划，并且语言更加复杂。第三部分包含一篇关于大众关注话题的文章，其内容是指导性的或是说明性的。

三、写作测试（Writing）

写作部分考试时间为60分钟。考生需要写两篇文章，其中第一篇文章要求至少150字，第二篇文章要求至少250字。在写作部分评分时，第二篇文章的作用较大，建议考生花20分钟左右的时间在第一篇文章上，花40分钟左右的时间在第二篇文章上。

写作部分共1小时，分2个大单元（Task1和Task2）。

学术类的Task1：

在作文一中，你必须针对所给的问题写封信。信中要对某种情况进行解释，并且常需要写些必要的内容。应按需要把信写成适当的形式——私人的、半正式的或正式的形式。

第一篇文章比较容易，最后一篇文章难度较大一些。用20分钟时间，至少要写150字。通常考题以图片、表格、坐标、曲线图为基本形式，考生根据所给的资料，写出150字以上的文章来叙述主题，组织并探讨主题，提出比较合理的论点。

考生所要描述的内容须参看题中给出的插图、表格和一小段文章等，而且一定要写成正式的报道形式。考生可能需要比较一组数据，或用一组数据支撑一个给出的论点。或者要求叙述一个程序的步骤，描写一个事物，阐述某一事物的运转过程及其使用方法。

普通类的Task1：

考生以写一封信来应对考题中所给出的模拟状况或问题。

学术类和普通类的Task2：

普通类与学术类的题目非常类似。考生就考题的主题，用不少于250字发表详细意见，通常题目要求考生用几种方式之一来解决问题，表达自己的意见，支持某个观点或就某个观点进行争辩，讨论的观点一般是考题所预先确定的。

题目要求考生写一篇正式的论文或报道。文章中要提出一个解决问题的办法，表达和证明一个观点，比较题目给出的信息，评价和挑战一个给出的论点。

两道作文题可能有一个共同的主题，考生必须以正式的学术形式来写作。

写作文不要求考生对特定学科有专业性的知识和深入的了解。

四、口语测试（Speaking）

学术类和普通类的题目相同。

考生与主考官进行10～15分钟的一对一对话。对话主题非常口语化、生活化，轻松但也有一定程序，对话大致上分5小段，但没有明显的区分，中间并无停顿或间断。

第一阶段（1～2分钟）：会面，寒暄一番，作一个自我介绍并且简单谈谈你的家庭生活、工作或学习，以及你的爱好，也许还会被问及参加考试的原因等。

第二阶段（3～4分钟）：你要详细谈论考官提出的问题，你对此问题可能熟悉也可能不熟悉。也许涉及你的文化，你从哪儿来，或你住在哪儿。考官经常会根据你在面试前所写简历的内容向你提问。主考官会鼓励（引导）考生多谈谈一般话题（如生活作息、文化习惯、个人兴趣等），考生应勇敢发言。

第三阶段（3～4分钟）：你必须提出问题。你需要让考官知道你有找出信息的能力。考官交给你一张卡片（Cue card），卡片上写明一个模拟的事件、环境或状况。要求你作出提问，做收集信息的练习，或是解决一个特定的问题。由考生向主考官依卡提出各种问题。考生提出的问题须与卡片上的主题相关，并可自由发挥。

第四阶段（3～4分钟）：主考官同考生讨论有关学业计划或考生未来打算的话题。

第五阶段是结束前的谈话，例如说"Thank you very much"，口语测试全部完成。

在一些考试中心，考生也许要在面试之前写一篇短的简历。

口语测试由一个专业考官面试，并且由录音机录下来。但这个录音是用来检查考试的公正性而不是检查考生口语水平的。

口语部分考试时间为10～15分钟。考生将与由考试中心任命并经剑桥大学测试联盟（UCLES）认证的考官进行会话，考官会在开始的几分钟设法让考生感觉舒适并消除考生的紧张情绪。大多数情况是考官提出一些问题，考生回答问题，或者是考官让考生阅读一张卡片后，双方针对某一问题进行探讨。整个会话过程将被录音备案。

第三节
IELTS（雅思）考试成绩与成绩评定

IELTS（雅思）考试分数的成绩标准：

9分　精通。能将英语运用自如，精确、流利并能完全理解。

8分　特优。能将英语运用自如，只是偶尔有不连接的错误和不恰当，在不熟悉的状况下可能出现误解，可将复杂细节的争论掌握得相当好。

7分　优秀。有能力运用英语，虽然在某些情况下会表达不准确、不适当和误解，一般可将复杂的语句掌握得不错，也理解其全部内容。

6分　良好。大致能有效地运用英语，虽然有表达不准确、不适当和误解的情况发生。特别是在熟悉的情况下，能使用并理解相当复杂的语句。

5分　可以。可部分运用英语。虽然可能犯许多错误，但在大多数情况下可应付，在本领域内可掌握基本的沟通。

4分　水平有限。只限在熟悉的状况下有基本的理解力，在理解与表达上常存在问题，不会使用复杂语句。

3分　水平极有限。在极熟悉的情况下，只能进行一般的沟通理解。

2分　不连贯。只对熟悉的情况使用不连贯的单词或简短的短句表达最基本的信息，在口头和文字材料的理解方面有重大障碍。

1分　差。可能只会说几个单词，无法沟通。

4个测试中的每一个分数都在0～9分（在写作和口语测试中没有半分）。考生的总分是4个测试的平均分，小数部分取决于最近的整数分或半分。IELTS（雅思）考试不分及格或不及格。考生申请的大学或学院会把你所选科目的IELTS综合成绩录取分数线通知给你。

如果你想再次参加考试，必须至少等到3个月以后。但参加IELTS考试的次数则没有限制。

第四章　移民类别

The New Zealand
Immigration Analysis

第一节
准备移民文件

一、移民申请要求

在你申请注册的同时，NZIS（New Zealand Immigration Service）要求你提供所有信息。

你必须向NZIS提供"新西兰定居申请"中规定的所有信息和证据，并在情况有变时及时通知NZIS。

二、文件（证件）

NZIS手中必须有能决定你的申请（可／否）的证件。

所需要的文件（证件）必须能支持你申请中的陈述。

提出申请时，你必须提供所有相关的信息和文件。

在对你的申请作出决定之前，你还可提供补充信息／证件。

如果你要求将你的原始证件以"安全邮寄"返回，请提供一个预付的已填好邮回地址的挂号信或快件。

三、照相复制

确保你提供的所有文件是原件或经过验证的副本。如果你寄出经过公证的副本，NZIS可能还会随时向你要原件。

经过公证的副本为照相复制品。验证此复制品（副本）的人员必须由申请人本国或新西兰法律授权。

四、翻译

如果你文件中的任何部分不是以英文形式出现，你应委托一个精通英语，又懂文件上语言的人将其翻译成英文。所选的翻译必须胜任翻译工作。提供的译本必须：

由一个公认的私人或官方的翻译机构校对。

具有官方（正式）信头，并包含翻译人员的姓名和签字。

五、申请资料

本节列出申请所需的条件。如不满足这些条件，NZIS将不受理你的申请。

每一位申请人都必须填写申请表的Section A部分。

1. 申请表

你必须以英文填写"新西兰定居申请"。填写Section A部分，然后填写与你的申请相关的部分。一定要回答所有的问题。如果某些问题不适用于你，则回答N／A（意思是：不适用）。这样NZIS将知道你对这些问题的回答没有遗漏。

2. 护照

如果你不在新西兰，应提供你的出生证明或其他身份证明。如果你已在新西兰，你必须证明你有能申请定居的临时许可，你的临时许可通常在你的护照中。

你必须在你的申请表上填写你申请中所含的每一位家庭成员的护照细节。你必须说明是否此护照是以那一家庭成员的名字出具或者是否那个家庭成员正拿着其他人的护照旅行。

3. 照片

申请中的每个人均应准备两张与护照上所用规格相同的照片，并贴在申请表上。所有照片的背面均应写上名字和日期。

4. 出生证明

所有申请人员的全部出生证明（原件或经公证的副本）。全套出生证明必须标明父母和孩子的姓名。

如果你有养子，你必须提供出生国或新西兰的收养证明。

如果你已离婚并带一个满16岁的孩子去新西兰，你必须提供你对其有监护权的证明。如果不满16岁的孩子，其父母中的另一方不申请在新西兰定居，你必须提供你有带走孩子权利的证明。

5. 申请费

所有申请你必须付费。如果你在新西兰，你可以用现金、信用卡、银行支票、EFTPOS或个人支票支付。如果你不在新西兰，你需询问相关的咨询机构。

注意：申请费用是不归还的，无论申请成功与否。

6. 与主申请人关系的证明

你必须提供你与你申请中所含所有家庭成员的关系证明。

配偶——你的结婚证明（原件或已公证了的副本）。

事实上的配偶。

7. 无刑事犯罪公证

你申请中每一个年满和超过17岁的人均需提供无刑事犯罪公证。

在近10年内，由其已生活达12个月或更长时间的任何一个国家提供的无刑事犯罪公证。无论是一次居住长达12个月还是多次访问累积时间长达12个月。

NZIS有一个专门说明如何从多数国家获得公证的材料。你可从你就近的NZIS分部取得此材料或查看www.immigration.govt.nz网站。

注意：申请时，所有公证书的公证时间必须都不超过6个月，NZIS才会接受你的申请。

8. 医疗证明

每位申请人都需提供医疗证明。医疗证明必须在NZIS"医疗和 X 光证明表格"上填写。一些NZIS机构或指定医疗机构执行医疗检查。请与你就近的机构联系查找医疗机构的名称和地址或查看网页。

中国大陆指定的医院：

①北京亚洲国际紧急救援医疗服务中心。

北京市朝阳区幸福三村北街1号北信租赁中心C座

邮编：100027

②北京和睦家妇儿医院。

北京市朝阳区将台路2号

邮编：100016

③上海瑞新国际医疗中心。

上海市南京西路1376号

邮编：200040

④上海新峰医疗国际中心。

上海市徐汇区衡山路910号

邮编：200030

⑤广州空军458医院。

广州市东风东路801号

邮编：501400

注意：申请时，只有所有的医疗和胸透检查证明的时间不超过3个月时，NZIS才接受你的申请。

9. 英语语言能力

年满和超过16岁的所有主、副申请人必须达到规定的英语语言标准。

（1）一般技能类。

主申请人：申请"一般技能"类别的主申请人在其申请时必须提供其英文最低标准证明。如果主申请人不能达到要求的最低标准，其定居申请将被拒绝。然而，如果主申请人在申请定居之日前已在新西兰合法工作12个月，可不要求其提供英语程度的证明。

非主申请人：属"一般技能"类申请的年满16岁和超过16岁的非主申请人可提供其达到最低英语标准的证明或预购ESOL培训。

可接受的最低英语标准的证明：

提供IELTS成绩的证明。

此证明距离你提出"一般技能"类申请的时间不应超过2年。你IELTS考试中的4部分中的每一部分的分数应至少为5分。

下面是能证明你英语程度的有效证明。

可接受的证明包括：

A. 证明已完成全部小学英语教育和至少3年中学英语教育的证件（相当于新西兰的Form 5）。

B. 证明已完成至少5年中学英语教育的证件（相当于新西兰的Form 7）。

C. 证明在学校利用英语为教育媒介，已修完至少3年时间课程的证书。对于已在新西兰，并已在此工作至少12个月，并且其工作用语是英语的申请人，可提供一份由雇主出具的，带其公司信头，并陈述雇员的职业和被雇日期及雇主联系电话和地址的证件，或由雇主提供一份被雇人的雇佣合同，证明此人还在受雇。

D. 英国或新加坡出具的"一般教育证书"（GCE）A等级——至少要得C分数。通过的科目必须包含英语语言或文学。

E. 英语学位证书。

F. 剑桥精通英语证书，至少为C分。

G. 香港高级检验证书（HKALE）——应用英语最低要得C分。

H. 马来西亚高等教育文凭（STPM1119）——英语得A或B分。

I. 南非国家学习考试证书，英语最低得D分（较高等级）。

J. 南非高级证书，英语至少得D分（较高等级），并有"考试豁免"字样。

K. 新西兰三级学习证明。

注意：尽管你具有说英语的背景的证据，仍然可能被要求提供IELTS证明。

（2）家庭团聚类。

在一般技能类、创业移民类或投资移民类别下成功申请的主申请人的配偶或孩子，如果有资格申请此类移民，需达到"一般技能类或创业移民类的英语语言标准"。

10. ESOL学费

一些"一般技能"类的申请人需要预购ESOL费。如果你是主申请人或独立申请人且你的申请已成功，你必须支付ESOL费用，费用为90新西兰元，且必须在申请成功前支付。如不在新西兰，则此费用通常以当地货币支付。

11. 移民税

如果你的"一般技能"申请被通过，则你申请中包含的每个人均需支付移民费，每人220新西兰元，最高为8,800新西兰元。

第二节
技术移民

此类申请人根据分数的要求提出申请。如果你的分数低于及格分数，你的申请将被拒绝。

分数计算：得分的因素有许多，但你只有对这些因素提供可接受的支持证据才行。本部分列举出了需要由你提供的以作为你得分依据的资料。

1. 资格

你需提供的是：

能证明你资格的材料，以此通过你想得到的申请（可能会要求你提供一份成绩单）。

你可能需要得到来自新西兰资格（评定）机构对你资格的评估，以便与新西兰的资格要求作一比较。资格分建立在与新西兰进行比较的基础上。例如，在别国的4年学位也可能比不上在新西兰的4年学位。

如果你想要得到从事特别职业的分数，在评定之前，你必须：

（1）提供正式或临时注册登记的证据。

（2）从事某一行业中的某种工作（只有这样才可以得分），这个行业不需要注册，而且这一行业是有得分资格的。

注意：对于教师来说，临时注册包括"临时"和"有待于确认"注册。对于行医者来说，预备期注册被认为是"临时注册"。

（3）由于从事了某一职业而有资格得分。这一职业通常通过了资格认证而不需要在新西兰注册登记。而且从事这一职业的时间目前已等同于或超过了从事另一法定需要在新西兰登记注册的职业。

在申请定居之前，你必须得到注册。因为对你的申请所作的决定不会等到你得到注册以后才作出，你可以申请一个临时登记。

下列职业需要在新西兰注册登记：

建筑师、律师、按摩师、口腔技师、牙医、营养学家、眼镜制造商、电工、电气服务技师、应征护士、线路护士、线路技工、医疗实验技术专家、医疗放射专家、助产士、护士、治疗医生、药剂师、理疗家、管道工、煤气装修工、排水工、足疗医生、心理学家、实业代理、检查员、教师、兽医。

注意：如果在通用技术类中没有得到资历分，那么你的申请就得不到批准。

2. 新西兰的学历

如果你想得到新西兰的2分学历分，当提出申请时，你必须提供下列资料：

（1）学历证明（也许要求你提供成绩单）。

（2）一封来自新西兰外交贸易部（MFAT）的信函。

3. 工作经历

需要你提供的材料：

如果你想得到工作经历分，NZIS必须审阅证明下列情况的文件：

（1）姓名、工作。

（2）参加工作的时间。

（3）雇主的姓名和地址。

可以出具很多文件和证据说明这些事实。

为了说明罗列文件的细节，你可能需要提供有关工作的多份文件。但是你不能为了得到想要得到的资历分，把一个原本属于同一整体的工作经历分开计数。

注意：在一般技术类中，如果你的2年工作经历的得分低于最少分数1分，除非有免除申请，否则你的申请将不能得到批准。

如果你想要豁免工作经历1分对你的限制，那么当你提出申请时，必须提供相关的文件。

注意：为了想得到雇主的分数（工作经验分），而又不需要证明你的工作经历与学历有关，雇主出具的证明，证明材料的正确阐述就非常重要了。

如果申请人有下面的工作经历，有时有特殊的作用。

（1）从事处于发展中的职业（职业必须是长久性的，无期或至少12个月，且12个月以后，有继续工作下去的选择权）。

（2）一个或数个合同的期限总和不能少于6个月，如果你已经得到至少2年合同工作经历的分数或者能够得到这样的工作经历分数，你必须声明。

（3）如果该职业需要正式或临时注册，那么已正式或临时注册的有关证实材料必须在就业时一并呈上。

如果你想得到从事新西兰法定注册职业资历的分数，但是你没有正式或临时注册，你必须提供所从事职业的下列资料：

（1）无须注册证明。

（2）经评估认为与学历有关，而学历分已得。

就业所需要的证明资料如下：

（1）详细的工作描述。

（2）一封雇主为申请人所写的，说明是否需要注册的工作推荐信。

（3）一份你和你的新西兰雇主之间的用工合同。其内容包括：合同期限、工作时间和休假时间等。

4. 年龄

需要你提供的资料：

NZIS能根据随申请表一同提供上来的完整的出生证明或护照建立你的年龄档案。

注意：如果年龄超过56岁（包括56岁），技术类的定居申请不能得到批准。

5. 定居因素

定居因素的最高分为7分。

（1）定居资金。

为了得到定居资金的分数，你必须向新西兰政府表明你或你的担保人以及同你一起申请的未独立子女拥有足够的现金和财产。

为了能证实这一点，至少应包括一系列的银行文件。文件如下：

A. 银行结单。

B. 信用机构的信函。

C. 财产的抵押 / 所有权凭证和估价报告。

D. 所有权、股票值和拥有其他财产的证据。

E. 债务清单。

F. 其他。

所有表明财产价值的文件的日期必须在一定的期限内。

（2）新西兰工作经历。

如果你曾经在新西兰合法工作过，并想得到该工作经历分数，你要提供的文件同一般工作经历所需提供的文件相同。

注意：如果你想得到某时期工作经历分，那么必须提供相应时期的工作文件。

（3）配偶或同伴的学历。

如果你想得到你的配偶或同伴的学历的分数，NZIS需要审阅其学历证书原件或得到公证的学历证书复印件。

你可能需要得到由"新西兰资格评定机构"为你的配偶或同伴作出的学历评估，以便同新西兰的学历作一比较。

（4）家庭担保。

如果你想得到家庭担保分数，你必须提供一份完整的由新西兰国家NZIS分支机构签发的"新西兰定居家庭担保表"以及你同你的担保人关系的证据。

担保人应该做的事：

你的家庭担保人（你的成年兄弟姐妹、父母或成年子女，或者你配偶的成年兄弟姐妹、父母或成年子女）必须填写一份"新西兰定居家庭担保表"。

你的家庭担保人必须是：

A. 新西兰公民或移民。

B. 在NZIS签发"新西兰定居家庭担保表"的时候，担保人已经在新西兰合法连续生活了至少3年，并可提供其新西兰移民身份的证据。

第三节
家庭团聚移民

一、婚姻和事实上的关系

如果你确实同一个新西兰公民稳定地生活在一起，无论是合法婚姻，还是事实上的关系（包括异性和同性），你都可以申请新西兰定居。

你必须提供你确实同一个新西兰公民稳定生活在一起的证据。证据包括但不只限于这些：

A. 结婚证（如果你已婚）。

B. 朋友或家庭提供的证明这种关系的真实性和持续时间的信函。

C. 同居一室的证据（如共同的抵押凭证或共同租赁协议或共同租赁书）。

D. 共享收入或共同拥有银行账号的证据或表明钱从你的账号过户到你伴侣的账号或钱从你伴侣的账号过户到你的账号的账目清单。

E. 你子女的出生证明。

F. 公众或家庭承认你们的关系的任何证据。

G. 以同一地址给你和你的伴侣的信函（含有邮戳的信封）。

H. 你和你伴侣通信的证据。

I. 你和你伴侣在一起的照片。

你提供的文件应该是可以单独验证的。

注意：如果你和你的伴侣已经分开了一段时间，但仍保持着关系，你必须提供分开多长时间的证据及原因。

作为你伴侣是新西兰公民的证据，你必须至少提供下列文件中的一个：

A. 你伴侣护照中的定居签证或旅行证件。

B. 你伴侣护照中的最新往返签证或旅行证件。

C. 你伴侣有效的新西兰或澳大利亚护照。

D. 新西兰内务部最近发表的关于你伴侣公民身份的声明。

E. 你伴侣的新西兰公民身份证，伴侣对你的申请的支持。

把一封你伴侣写的旨在说明其支持你申请定居的信函交给NZIS。这封信要有你伴侣的签名并注明写信日期。如果需要，你的伴侣必须以书面形式同意在你头2年的定居生活中给予资金上的支持。

二、父母

你有法定成年子女在新西兰定居吗？如果有，你可以在父母类别下申请在新西兰定居。

必须由你的一个成年子女作为担保人。担保人必须：

（1）填写由新西兰办事处提供的"新西兰定居家庭担保表"并出示其新西兰移民身份的NZIS证明（通常为护照或新西兰公民身份证明）。

（2）担保人将NZIS签发的担保申请单提供给你，并将其贴在你的定居申请上。NZIS还需审阅一下能证明你和子女关系的资料。

注意：如果担保人的定居是有条件限制的，他们仍可为你作担保。但你的定居允许受到担保人定居条件的限制。

（3）子女的移民身份。NZIS需要审阅一下能证明你的子女法定和永久居住地的资料。他们可能居住在新西兰，你的现居住国或第三国（新西兰或你的现居住国以外的国家）。证明材料包括护照、定居许可或身份证复印件以及其他能证明其实际居住国的文件。

（4）亲属关系证明。NZIS需要确认一下你和你子女的关系的真实性。这样你必须提供他们的完整的出生证明材料。

三、兄弟姐妹、成年子女

如果你是单身，无子女而独自一人居住在自己的国家里，但有父母、成年兄弟姐妹居住在新西兰，你可以申请在新西兰定居。

必须由你的父母、成年兄弟姐妹作为担保人。担保人必须：

（1）填写由新西兰办事处提供的"新西兰定居家庭担保表"并出示其新西兰移民身份的NZIS证明（通常为护照或新西兰公民身份证明）。

（2）担保人将NZIS签发的担保表提供给你，贴在你的定居申请上。此外，NZIS还需审阅一下能证明你和你的担保人关系的有关资料。如果是兄弟姐妹，他们的完整的出生证明可以作为证明材料。如果是父母，完整的结婚证书可作为证明材料。

注意：如果担保人的定居是有条件限制的，他们仍可以为你作担保。但你的定居允许受到担保人定居条件的限制。

（3）父母、兄弟姐妹的移民身份。NZIS需要审阅一下能证明你父母、兄弟姐妹法定和永久居住地的证明资料。证明材料包括护照、定居许可或身份证复印件以及其他能证明实际居住国的文件。

（4）亲属关系证明。NZIS需确认你和你父母、兄弟姐妹关系的真实性。这样你必须将你的申请表、原始的完整的出生证明材料或经过公证的完整的出生材料的复印件一起提交。

四、未独立子女

如果你是单身，年纪为17～19岁，没有子女或年纪为16岁以下而且是单身，但有父母居住在新西兰，你可以申请在新西兰定居。

（1）亲属关系证明。NZIS必须确认你与你父母的关系。你全套的出生证明应能证明这一点。如果你是合法养子，你必须提供你所在国家出具的有效收养手续。

（2）父母的移民身份。NZIS需确认你父母的公民或移民身份。你需提供一份下列证明的副本：

你父母护照或旅行证件中最新的往返定居签证；

你父母有效的新西兰护照；

近期由新西兰内务部提供的关于你父母公民身份的声明；

你父母新西兰公民身份的证件。

第四节
投资移民

投资移民政策是自1999年3月29日起实施的。

投资移民政策的目的是希望经过以下方式而为经济上的增长作出贡献：

熟练且经验丰富的移民能提高新西兰的技术基础，同时提升新西兰的人力资源水准。

经验丰富的商业移民及国际访问学者带来的新概念、新技术、新方法及投资资金，可刺激新西兰的商业活动。

经过与国际市场的接触及商业移民、国际访问学者的帮助，促进新西兰的国际贸易及投资。

一、投资环境

新西兰从1982年以来，经济发展迟缓，那么其投资价值何在？以下列举了新西兰值得投资的理由。

1. 政治安定

这也许是最能吸引外国人投资新西兰的原因。新西兰的政治系统承袭英国的民主政治架构。它有两个主要的政党且彼此观念接近，可以实现历史佐证与稳定的社会民主政治预言，新西兰的政治方针在未来将不会有重大改变，仍将以经济挂帅。

2. 经济自由

自从1984年经济改革之后，新西兰如今已成为一个开放且限制极少的自由经贸国家，新西兰对金融及外汇并无管制，因此资本进出自如，不受限制。新西兰利率不设限，关税大幅度降低，准许外资独资控股公司购买商、住宅及工业用地（但未开发林地目前仍需核准），同时可自由汇出资本盈余或股利。

3. 金融据点

因新西兰位于国际日期变更线上，是最早开始"新的一天"的国家，故新西兰在国际金融市场上享有充分的时间。金融市场的外汇交易、借贷，以及小额权益，24小时不停地在全球运作，使新西兰可能因此成为国际金融连锁体系中的一环。以策略来说，新西兰如同日本市场的一扇橱窗，它介入日本贸易盈余的再循环，但因亚太地区的发展极须注入资本，而不宜夸大渲染这份潜力，不过新西兰优越的地理位置，仍非常适于对其他地区的金融中心提供服务。

4. 资源丰富

以国际标准来衡量新西兰，它称得上是拥有非常丰富的天然资源。

（1）牧业。新西兰被公认为是世界上畜牧生产极丰盛的国家之一。它生产的肉类品种繁多，价格低廉，颇具国际竞争力。新西兰是世界上最大的羊毛及羊肉输出国。但遗憾的是，目前国际人士以健康为由，已对红色肉类减少偏好而倾向白色肉类。展望牛羊肉市场前景，似乎不太乐观。新西兰盛产乳酪，实际上，世界乳酪需求量的25%是由新西兰供应的。唯因全球乳酪市场过剩且不景气，导致激烈的竞争和存货的堆积，但从中长期来看，整个世界的乳酪市场情势将会好转，尤其是奶粉和牛油。由于世人对核能污染的恐惧，已减少对欧洲国家乳酪的采购量，目前各国订单多已转给新西兰。新西兰盛产羊毛，其出口额占世界羊毛总量的23%。新西兰的粗羊毛约有30%用于编织地毯。即使当今综合或人造纤维地毯的科技日见精进，预期高品质的手织毛毯需求仍能稳定增长。

新西兰的养鹿业近年来发展迅速，已成为重要的畜牧事业。鹿肉外销十国以上，主要市场在亚洲诸国。由于鹿肉是一种高级肉类，对注重身体保养的买主极具吸引力，因此鹿肉市场远景看好，而鹿茸、鹿血、鹿尾及鹿鞭则为珍贵药材，不断外销亚洲市场。新西兰以培育符合世界水准的纯种赛马及培养国际赛马中的常胜马而著名。马匹外销自1987年以来增长达五倍之多。而在北美及欧洲市场的1岁种马价格，则较新西兰高出十倍之多，足见养马在新西兰仍大有可为。

（2）渔业。新西兰拥有世界第四大专业捕鱼区，虽然目前这个资源尚未被充分利用，但由于广阔的水域形成不同的水温及天然清洁的环境，渔业、养殖场及海藻加工业的发展潜力惊人。自1982年以来，海产外销的成长率仅次于旅游观光及蔬果外销。由于国外消费者对红色肉类的需求减少，促使鱼类外销增加，Orange Roughly是海产外销数量最多的鱼，Hoki次之。而蚌壳的前景，例如青口蚌、牡蛎及鲍鱼等也非常乐观。

（3）林业。新西兰出产各类木材及其制品。新西兰的针叶林面积超过180万公顷。其中，将近85%是Radiate Pine，这是一种以生长快速、材质坚实、用途广泛而著名的针叶树。这些林地半属国有，1995年的外销收益达13亿万美元。促使新西兰成为理想的木材加工投资地区的因素包括：生长快速的林木（三十年即成熟，但在其他国家则需五六十年时间）。能源价格合理、发展良好的下游工业、丰富的木材产品制造经验、低廉的生产成本及亚太市场的占有等。

新西兰的木材工业分为三种类型：锯木厂、纸业、纸浆及木板制品。此外尚有木材的相关工业，如家具制造业、精细木工制品、化学成分提炼等。

（4）能源。新西兰能源丰富，水力发电充沛，可供应17%的主要能源市场。新西兰煤的储存量约为8亿吨，石油储存量约为5,600万桶，还有四座天然煤气、两个大油田、地热资源及世界独一无二的合成燃料厂。由于这些丰富的蕴藏，新西兰在短期内将不需要核能源。由于多以水力及煤发电，成本低，因此能源价格十分低廉。

（5）制造业。新西兰各种制造业为投资者提供了许多投资机会。这是由于各类本地和外地的原材料容易取得、进口许可减免及关税保护政策的利好，再加上和澳大利亚的CER协定，使得许多制造业的结构得以调整。

新西兰的公司以国际标准衡量大部分的属于中小型企业、专精于轻型产品的制造。不过一般皆期望其能转而生产高价值商品。新西兰典型的制造业有：

①食品和饮料：肉类、乳类以及园艺加工品。

②纺织与皮革：地毯、纺织品、毛纱以及各类成衣和鞋类。

③木材制品：家具、细木工业、游艇工业。

④造纸业：新闻纸、牛皮纸、书写纸和一般用纸。

⑤化工业：石化产品、橡胶、塑胶、油漆、肥料和医药制品。

⑥非金属矿物：水泥、玻璃以及工业和家庭用陶瓷。

⑦基本金属：钢和铝。

⑧金属制品：机车装配、农机和运输工具、家用白铁器皿、消费与工业用电器，以及品类繁多的工程用器具。

（6）专业电子工业。电信事业的蓬勃发展推动了新西兰的专业电子工业。主要的国际性大公司包括：新西兰菲利普公司，该公司生产的小型商用交换机除供应国内，也出口国外；新西兰阿卡德公司，于1987年就已生产了一百万台按键电话，也制造电话系统所用到的数位复杂的交换机零件。

（7）金融与工商服务。自从政府取消金融管制以来，金融业的投资迅速提升，特别是在商业和贸易银行方面。1987年7月，新西兰储备银行宣布赋予8家金融机构注册银行的资格。这8家金融机构中，有7家是海外银行。在新西兰境内执业注册银行并无任何限制，申请者需符合1987年储备银行修正法案中所要求的条件。所有金融机构都需接受新西兰储备银行的严格监督。

新西兰于1987年取消外汇管制，广大范围的金融服务业因而迅速发展。

（8）证券交易。新西兰的股市经历了1987年10月的股市大风暴。不过，国内若干公司近年来的蓬勃发展，大大强化了新西兰证券市场的结构。此外，新西兰股市也是全球最早开始交易的股市，因此获益不少。

（9）蔬果。新西兰地跨温带及亚热带气候，因此可种植的水果及蔬菜种类繁多。近年来，新西兰的蔬果业成长快速，奇异果尤为突出。新西兰得地利之便，能供应正值酷寒冬季的北半球以新鲜或脱水的蔬果，加之少有害虫或植物疾病，因此在果品严格的市场进行销售也能畅通无阻。蔬果的外销收入近年来激增，其中奇异果占了二分之一，苹果次之。新西兰奇异果占世界产量的一半，现因为全球产量，尤其是北半球产量的增加，退而占据三分之一。最近几年新西兰大量移植梨、柿及香瓜，专门外销至亚洲地区，因生长周期与亚洲国家相反，因此都能卖到好价钱。

（10）其他农作物。新西兰的农作物多年来因生产成本低而享有竞争优势，并以气温、土壤等多项得天独厚的条件，以及无污染、农作物卫生安全等因素，使得食品加工厂出口具有极大的发展潜力。

（11）观光业。新西兰拥有瑰丽的天然风景，如滑雪场、温泉、海、湖、冰山、冰河、峡湾及河流等观光资源。新西兰被公认为是一个干净、安定、无核能源威胁的旅游胜地，每年吸引游客约60万名，其中45%来自澳大利亚，此外还有美国、日本、英国、加拿大及德国等，其中以来自日本、北美及北欧的观光客增长最快。1986年新西兰的观光收入约11亿美元，之后的5年内，观光人数增长更快，年增长率为10%，1990年有100万的观光客及20亿美金的消费额。为接待这些游客，住宿设备及高水准的娱乐设施都需要大量的投资。

二、投资移民的基本条件

（1）至少投资100万新西兰元（约500万人民币），投资方式可以是银行定期存款方式。

（2）2年以上工作经历。

（3）商业投资类别可以是被动投资，也就是说，申请人可以不进行具体的投资项目，可以把资金存入新西兰境内的银行，或者其他金融机构。但2年之内不可以将其再转移到国外。2年之后，投资人可以任意使用或转移其投资。商业投资移民申请可以包括配偶和所有未婚子女。

（4）年龄小于85岁。除投资资金外，有足够的个人消费资金。

（5）分数计算（通过分数12分）。

投资能力得分：100万新西兰元得1分。100万新西兰元以上，每增加50万新西兰元多得1分。工作经验得分：每2年的工作经验可得1分，最多可得5分，亦即超过10年以后的工作经验不再得分。

年龄得分：必须小于85周岁。

25～29周岁得10分；30～34周岁得9分；35～39周岁得8分；40～44周岁得6分；45～49周岁得4分；50～54周岁得2分；55～59周岁得1分；60～64周岁得0分；65～74周岁扣2分；75～84周岁扣4分。

注：以上年龄严格按照申请递交到大使馆当天的实际年龄来计算。

三、开始申请

（1）申请人简历。

（2）申请人从事工商业经营管理的详细经历，其中包括企业经营状况、每年业绩、准备在新西兰进行什么方面的投资以及投入资金的数量等。

四、投资移民费用

（1）办理费6,000美元。

（2）申请签证费3,290元人民币。

五、新西兰投资移民政策

新政策中的商业移民有好几类，但主要是100万新西兰元或以上的计分投资移民，计分的内容包括投资金额、主申请人年龄、从商经验。从申请到批准时间大概需要6个月。

现通过线是12分，此要求可浮动。

不会英文者，也可申请，英文水平达到IELTS四级者，免预交英文课程费，达不到此水平的主申请人或者任何16岁或以上的家属要交1,700～3,500新西兰元（在批准时才交）。

包括在申请内的配偶或16岁以下子女名下的资金均可视为申请人拥有的资金。原则上在申请得到批准的1年内，资金应通过银行转入新西兰，并留在新西兰满2年。不能用作私人用途，如买房自住或买汽车、游艇自用等。投资可以采取银行定期的存款方式，该投资存款所得利息可以随时使用。存于银行不是唯一的途径，政策上说的是Acceptable Investment，即是可以被移民局接受的投资形式。这点给投资者一定的灵活性。但移民条例规定此投资款项必须存于新西兰境内2年，并获得商业回报。这100万元或以上的投资可分散在不同类型的符合要求的项目上。

计分的投资资金来源须是合法获得或赚取的，既合乎原居住国也合乎新西兰的法律的，但不能是通过别人的"赠予"或"借贷"而来的。不过，中奖或继承的钱是合乎条件的。

以前已经通过银行转入而仍然留在新西兰的资金可计算成投资资金的一部分。但2年的投资日期只能从申请批准之日算起。而在新西兰合法获得的资金也可计算在投资资金当中。

投资能力证明，可以是存款单、房屋估价、股票等。物业、物品的估价证明必须由可信的、独立的资产评估机构出具。在申请被接受前3个月内出具的才有效。

原则上在申请被批准后的1年内，主申请人可申请工作签证，而配偶及未成年子女可以申请相应的旅游或学生签证来新西兰，以便安排转入投资资金等事项。

简单来说，这个方案鼓励移民们带钱到新西兰生活，在相对比较安定的环境中了解投资的机会并作出正确的决定。一般能投资100万新西兰元的家庭应该还能再买得起一幢楼房、一辆汽车。即使是再拿不出另外的钱款，暂且按银行年利率约5%计算，靠100万的利息便可安排一家人的普通生活。

修改前的移民政策，要求普通移民和投资移民具有一定的英语水平，投资移民必须出具投资是本人经营所得的证明，其条件烦琐，使韩国等亚洲国家很难接受。1995年10月30日，移民政策变更后，移民人数大幅度减少，尤其是投资移民每年从数千人降至数十人，投资金额与变更前相比亦大幅度降低。受亚洲经济危机的影响，新西兰自1997年起经济停滞，政府为搞活经济，放宽了移民政策。

投资移民政策主要变更了哪些内容呢？投资移民无论是主要申请人还是随行家属，均可事先支付英语教育费来代替英语考试。取消原有的工作投资移民，改为投资移民。新设企业移民、长期工作签证和企业雇用人移民等。

主要申请人和随行家属都可以不考英语，但主要申请人和16岁以上的随行家属可以提供IELTS四级以上的成绩或预付英语教育费。根据IELTS的成绩，向移民厅预付1,700～3,350新西兰元，接受与普通移民相同时间的教育即可。由于主要申请人能以预付英语教育费来代替考试，实际上等于取消了英语考试。

变更后的投资移民政策只计算工作经历、年龄、投资金额的分数，达到12分即可申请移民。最低投资额从原来的75万新西兰元提高到100万新西兰元，但在年龄和工作经历方面的分数条件却有所放宽。过去限于64岁以下，而新的投资移民政策则放宽到84岁。

由于取消了过去能得分的学历、定居资金、配偶学历、在新西兰居住的直系亲属部分，要得到12分并非易事。

例如，工作经历10年以上，满分5分；年龄44岁时，年龄分为6分，投资金额至少100万新西兰元，满12分才能申请移民；而申请人45岁时，年龄分为4分，至少向新西兰寄200万新西兰元现金投资，才能申请移民。

投资金额可以不直接投资，将投资款预存在银行即可。另外，过去要求证明投资金额是本人直接经营所得，现在这种条件已被取消。

第五节
长期商务签证

长期商务签证是指向根据工作计划在新西兰工作而不永久居住的人发放3年内多次往返签证的制度，可以延期。申请长期商务签证，需提供申请人的简历和与技术有关的详细工作计划，要有足够的工作资金和生活费。

此类签证的目的是照顾以下两种商务人士：

①有意用"企业移民"类别来申请永久居留的人士；

②有意在新西兰投资生意但又不想永久居住在新西兰的人士。

从1999年3月29日起，移民局考虑发出一种有效期3年，多次进出新西兰的"商务签证"，给予有意在新西兰开设生意业务的人士。在这3年内，如果该申请人能证明其业务能带给新西兰利益，他就能够以"企业移民"类别申请居留。

一、申请长期商务签证所需文件材料

申请人需要支付商业计划的费用，还需要准备申请人商业背景和公司背景两份报告，希望申请人尽可能同时提供报告的英文版本。

1. 申请人的商业背景报告

申请人需要提交详细的个人商业背景报告，即你于过去和现在的商业管理经历的报告。这使移民局相信你到新西兰来后，确实能够开展业务，为新西兰带来利益。

报告必须包括：

①详细介绍你是如何开始你的生意或如何开始在公司任职的。

②介绍你过去从事的商业活动的类型。

③介绍你在过去商业活动中所担任的职务和所起到的作用。

④如你曾经有过生意失败、公司倒闭的经历，请详细说明。

59

⑤个人简历，包括本人受教育程度、工作经历、职务、职责、工作成就等。

⑥申请人英语写作和口语能力介绍。

2. 公司背景报告

申请人现所在的公司或申请人自己所拥有的公司的背景介绍报告。报告必须包括：

①公司背景简介（最好是公司的介绍手册），说明公司的成立时间、雇用人数、经营范围、分支机构、年营业额、利润、公司人员结构表、公司财务报表等。

②申请人在公司担任的职务以及在公司管理方面所起到的作用。

3. 申请为期3年的"商务签证"，申请人需具备的条件

①提交一份优良的商业计划书，包括：提供在投资生意前曾经作出的计划及调查报告，提供与业务有关的技能及工作经验，具备足够的资金来实行此计划。

②另备个人及其家属在新西兰的日常生活经费。

③通过身体检验且无犯罪行为。

④得到"商业移民专家"对申请人是真实地、有诚意地在新西兰开展上述计划书的业务的确认。

4. 商业计划书

商业计划书由在新西兰惠灵顿的国际顾问公司（投资公司）设计。包括：计划成立之生意的大纲及其可行性会计的资料（收资预算及财务选择安排）。

5. 申请人的商业经验

即申请人对新西兰市场的理解及其他生存能力要素（包括英语能力）。

二、申请长期商务签证程序

申请长期商务签证是一个非常复杂的过程，一般是委托咨询公司或律师承办。下面是委托咨询公司办理的程序。

①将个人简历包括申请人的商业背景、资产状况及创办生意的简明意向用E-mail或传真传给咨询公司。

②咨询公司将根据申请人的要求，评估申请人获得申请长期商务签证的可能性并尽快通知评估结果。

③申请人如决定委托咨询公司办理，应与咨询公司协商移民服务协议文本。

④申请人将已签字的移民服务协议，以及申请人商业背景报告和公司背景的报告传真至咨询公司。

⑤咨询公司收到商业计划费后，安排投资公司与移民局协商，制订申请长期商务签证的商业计划。

⑥申请人根据咨询公司要求准备所需文件，联系指定医院体检。在移民申请表以及移民补充表上签字。

⑦申请人完成材料准备、体检和申请表签字后，邮寄所有材料给咨询公司。

⑧咨询公司填写移民申请表、移民补充表，准备相关申请材料及商业计划书；并向移民局北京办公室递交申请，同时通知申请人向移民局北京办公室电汇签证申请费（申请人自理，不退）。

⑨申请原则批准后，咨询公司通知申请人去北京签证。

⑩咨询公司负责安排申请人在新西兰的安置服务。

第六节
企业移民

　　企业移民制度是指允许已经在新西兰工作，能吸收雇用人员，生产新产品并提供服务，能促进新西兰经济发展的工作人员永久居住的制度。获得新西兰长期工作签证的人员可考虑此项移民。因学历不够或投资金额不足无法申请普通移民或投资移民时，可申请此项移民方式。其英语条件与投资移民的相同。

　　新设的企业雇用移民，是移民厅负责根据不同情况，向将工作转移到新西兰企业的骨干职员提供永久居住权的制度，此项政策1999年3月29日开始实施。

第七节
商业移民类别新政策问答

商业移民是投资移民、企业移民和长期商务签证的总称。

以下是来自惠灵顿负责审批商业移民类别申请的两位移民官于1999年9月在奥克兰AM 990中文电台回答有关新政策的提问（节选并翻译）：

问：凯瑟琳和伊丽莎白，谢谢你们来AM 990中文电台。我们知道你们是来奥克兰短期访问的，你们很忙，非常感谢你们能抽出时间与我们华人社区进行空中交流。

答：谢谢你！我们非常高兴来到这里。政府制定的新的商业移民政策为我们带来了新的机会，目的是吸引有投资能力，有新的技能和好的创业想法的人士。我们来自移民局投资移民部，我们两位负责审理所有商业移民类别的申请，非常高兴今天在这里就有关问题进行交流。

问：新的政策对华人社区影响很大，但是很多人对具体的政策不清楚，政府打算吸收多少申请？

答：政府准备在第一年批准大约350个申请，计划在18个月里批准800个申请。

问：这个数量不小，我们希望新政策能够吸引到足够的申请，这将对新西兰很有利。关于商业投资类，与以前的政策相比，新政策有什么新的内容，哪些地方作了修改？

答：新的商业投资移民类别仍然采用计分制，不同的是通过分数线将每年按照需要更新一次，由移民部长决定。另外，新政策不再需要申请人提供资金累积来源报告，但要求其资金是合法所得，英语水平测试已不再是必需的。

问：取消必须获得通过英语水平测试的条件，特别受到华人世界包括中国大陆、港台地区及其他东南亚国家华人的欢迎。关于新增的长期商务签证政策，我们接到很多咨询，比如，你们期望申请人最少有多少投资资金？

答：这取决于申请人打算投资什么样的生意，在哪里做。很显然，在奥克兰创办生意的花费要比在因佛卡吉尔创办相同生意的花费要多得多。我们需要申请人提交财务计划，其商业计划应该与其财务计划具有一致性。政策确实没有规定最少的投资额是多少，我们希望申请人做好市场调查，做好商业计划书，他们要了解创办其生意所需要的各种花费，要知道他们需要多少钱来实施其商业计划。

问：很好，很清楚了。如果申请人在奥克兰创办生意资金短缺的话，他可以考虑到其他城市或者地区去吗？

答：是的，很多地方都非常欢迎新的投资，欢迎投资移民。

问：申请人需要具有哪些条件呢？是否需要他以前做过生意？

答：不一定。当然如果申请人已经经营过生意，会对他在新西兰创办生意大有好处。我们要求申请人能表明他具有一些商业经验，他不一定是经理人员，他可以是部门主管或者是雇员，但他知道究竟如何做生意。他们还需要符合标准的健康和人格要求，对于长期商务签证申请人，没有英语水平的要求，但这里是主要使用英语的商业环境，如果申请人英语很差，我们需要他说明如何弥补这一点。

问：我想他们可以找一个合伙人，或者雇一个秘书，是吗？

答：是的，可以。

问：是否有年龄限制呢？

答：没有。

问：六七十岁也可以申请吗？

答：是的。

问：申请人在新西兰创业2年后可以申请企业创办类移民，你们对2年后他的生意情况有什么期望？

答：如果申请人能证明其已在新西兰成功开办了生意或者至少在现有的生意中入股了25%，而且其生意对新西兰有利，如出口新西兰产品到新的国家或者地区，雇用了新西兰劳工，带来了新的技术或者新的服务，改造了旧的生意等。他的移民申请都会得到批准。单从财务角度来说，我们希望其生意至少可以获得足够的收入来提供申请人及其家庭的生活。我们不要求2年后他的生意是赚钱的。

问：这很好！因为刚刚创业，前几年较困难。

答：我们理解这一点，头几年，很多生意都在建立初期，这就是为什么我们从多个方面考虑其生意是否对新西兰有利，当然如果2年后，其生意是赚钱的肯定更好。

问：如果申请人申请在新西兰某个地方开店，提供当地目前还没有的新的服务（如开中餐馆），这是不是给新西兰带来了新的服务？

答：是的，只要他提供的技术或者服务在当地是新的，那么他的申请就可以认为是带来了新的技术或者服务。

问：很多人担心，在新西兰创办生意2年到3年，最后他们没有成功，他们必须回去，有些人甚至不能承受这种结果。就此担心，你是否可以予以说明？

答：长期商务签证政策让申请人有机会在新西兰创业，有机会证明自己会对新西兰有利。对每一个申请，我们都要审查其生意计划，我们认为被批准的生意应该可以成功经营。如果最终他没有成功，他们可以再申请一次3年商务签证。如果还是不能成功的话，就不能再待在新西兰了。

问：有些人担心政策的变化，比如在他们在新西兰创业的中期，政府的移民政策发生了变化。

答：我们不能保证政策不变。但是，我们想如果确实有变化，政府对于已经批准或者已经在申请的人士会有过渡性的政策，会让他们可以按照现在的政策规定去做，直到成功移民。

问：听说只有你们两个人负责审理所有商业类别的申请，请问申请需要多长的审理时间？

答：在新的商业类别中有四种申请：商业投资类、企业创办类、长期商务签证类和企业搬迁类。我们两人在移民局的投资移民部，负责审理所有这些申请。我们会在3个月内给出审理结果。如果我们需要申请人提供另外的文件则可能需要更长时间，但3个月是我们的目标，我想我们可以做得到。如果你想获得长期商务签证或有意将来定居新西兰，你需要在新西兰建立生意，请你与我们联系。

问：到目前为止，你们收到多少个各类商业移民签证的申请？

答：超过200个了。我们很高兴，我们一开始只是预计会在1年中收到350个申请呢。

问：那结案了的总共有多少个呢？

答：71个。只有9个不合条件而被拒，其余的都获批了。

问：你能否告诉我们长期商务签证类（创业移民第一步）批准了多少个呢？

答：有21个获批了。

问：我们听说中国大陆人的3年商务签证仍未有批出的案例。请你解释一下为什么会拖过了时间？

答：主要是因为大陆的文件确认需时较长，而且一些中国大陆的申请人所计划投入的生意我们不是很了解，我们只能把生意计划交给KPMC会计师审阅，请他们给我们移民局提供较专业的意见。

问：在你们接到的各类申请当中有多少个是由中国大陆来的申请人递交的？

答：在总的200个申请中，中国大陆的申请人的数目超过1/3。

问：一般申请的处理时间会在3个月以内，但有时会超过，你们能做些什么或者和会计师之间做些什么从而加快速度吗？

答：我们仍旧很有自信将大多数申请在3个月内处理完。我们的这3个月时间在总体上来讲，应该是可以实现的。

问：我们的许多申请人都想知道如何表现才能满足你们"对新西兰有利"的这一条要求，你能否就此谈一谈？

答："对新西兰有利"可以理解为从最低的程度上来讲经营一个成功的生意，然而如果这个生意同时也能提供新的技术或技能给新西兰或雇用新西兰人或者开始一些新西兰前所未有的贸易项目，我们也认为这些是很大的贡献。

问：长期商务签证申请人的创业资金可否部分或全部由他人赠予？

答：可以的，申请人的创业资金如果由别人赠予的话，他必须有很好的经商能力，如果是人家借给他的话，借贷的条件必须在计划书上体现出来。

问：我们听说有些长期商务签证的申请人的商业计划不被你们接受，而导致申请被拒，是吗？

答：主要是有些人不知道我们移民局要什么。我们要的计划书必须是清楚明了，让人容易理解，四个部分都有一致性而且是可信度极高的，让人觉得这个计划中的生意是有可能成功的。

问：有些海外的申请人和他们的朋友听说新西兰发展生意很难，在这个问题上，你审批了这么多的申请之后，你有什么建议呢？

答：在新西兰创办一门生意是困难的，但我们在审批案子时很兴奋地发现申请人有许多激动人心的主意。总的来讲，我们对于新政策允许他们进来尝试创业，给予他们这个机会感到很兴奋。

问：对于长期商务签证类的申请，你有没有什么比较偏好的生意可能使申请更容易得到批准？

答：没有特别偏好的类别，主要看计划而定。

第五章 技术移民

The New Zealand
Immigration Analysis

技术移民又称记分制移民，即按照技术计分系统进行评审。新西兰自1991年起，开放移民大门，大量吸收技术和投资移民。由于没有经验，与美国、加拿大和澳大利亚相比，所制定的政策比较宽松，使数千名原先到新西兰和澳大利亚的留学生成为第一批技术移民。消息传回中国大陆，逐步形成风气。到高峰期1995年，中国大陆被批准移民新西兰人数六千多人，并在同年底形成申请高峰，有近两万人。但此时由于新西兰政局变动，移民政策相应变更，这两万多人仅有少数人获批准。1998年11月1日移民政策放宽，移民配额由每年10,000人增至每年35,000人。

新移民领取福利补贴需等候2年。新西兰政府规定，1998年5月14日起，新、旧政策下提出申请的，自到达新西兰起计算均需等候2年才能从新西兰社会福利部领取大部分补贴，包括失业补贴，情况特殊的可以除外，但需要提供法律证明文件。以难民身份或因人道主义救助而进入新西兰的移民无须等候。新西兰公民或已在新西兰定居2年或2年以上时间的人的直系家庭成员无须等候。

从1998年5月14日起，新到达新西兰的移民自进入新西兰之日起计算，最初2年内不能领取失业补贴、健康补贴以及其他一些补贴。不享有新西兰的学习教育生活费补贴。但可享受国民教育待遇，可申请学生贷款，可申请学生学习期间所有的生活费贷款。

新西兰移民政策随着新西兰政局和国家经济形势每年均有相应的调整，大致方向是：从无到有，从松到紧，从死到活，总体而言是漏洞越来越少，审批越来越严，因此更需要专业知识去应对。

英语要求：由无要求到只需任何一种考试成绩，到目前要求必须通过IELTS 5分标准。

学位认定：大部分要作评审。

文件要求：更为严格。如体检，原是任何一家市级医院就可，目前仅承认中国的五家医院的体检报告。

通过分数：由24分（任何一个中国大学生都能通过）到31分，到目前经常变化。

审核时间：由原来6个月内结束审核，变为从第6个月开始审核。

第一节
技术移民的记分方法

一、学历分

博士：12分

研究生：11分

本科生：10分

专科学生或其他学历：10分

二、年龄分

18～24岁：8分

25～29岁：10分

30～34岁：8分

35～39岁：6分

40～44岁：4分

45～49岁：2分

50～55岁：0分

三、工作经历分

每工作2年是1分，最多10分。

四、配偶分

配偶是研究生加2分。
配偶是专、本科生加1分。

五、亲属担保分

如你有直系亲属愿为你作担保,你可获3分。担保人是父母、兄弟姐妹或已独立生活的子女,或侄女、侄子、外甥女或外甥。担保人必须在新西兰事实住满3年。

六、经济担保分

每10万新西兰元可增加1分,最多2分。

七、工作担保

由新西兰雇主出具,可加5分。
2000年3月1日,新西兰政府出台新的政策,可以预先申请工作,即已经具有19分并且其他条件具备的技术移民申请人,只要加上雇主担保的5分就可以获得移民资格的申请人,新西兰政府可以预先发放工作签证,在新西兰的9个月中,如果找到工作,就算满足了移民条件。

八、新西兰工作经历分

每年1分,最多3分。

第二节
技术移民准备材料清单

一、公证和证明

①每个申请人的出生公证（包括子女）。

②每个申请人的有效护照，如没有护照，提供身份证明，例如身份证或户口本复印件。

③每个17岁以上申请人在中国的无刑事犯罪公证。如果最近10年中，你在任何一个国家居住12个月以上，需提供所在国的无刑事犯罪公证。

④结婚证（适用于婚姻关系）或证明两人关系的文件（适用于事实婚姻关系以及同性恋关系）。

⑤主申请人学历公证、学历证明的复印件和一个写有大学或学院地址及邮政编码的中文信封。

⑥主申请人配偶的学历公证、学历证明的复印件和一个写有大学或学院地址及邮政编码的中文信封。

⑦主申请人的英语能力的证明（IELTS成绩）。如果有16岁以上的其他申请人有英语能力的证明（IELTS成绩），请提供。

⑧主申请人的工作经历的公证、每个单位工作经历的复印件和写有每个单位地址及邮政编码的中文信封。

二、附加分数证明

①新西兰工作邀请函或工作合同。

②定居资金的证明和资金来源的证明。

③如果你声明有在新西兰的工作经历，请提供新西兰雇主出具的工作经历的

证明信。

　④家庭亲属担保表。

三、表格

　①移民申请表以及复印件。

　②移民补充表。

　每个申请人在指定医院做的体检表，4个7号回邮信封（写上你的中文通信地址及邮政编码）。

第三节
参加IELTS（雅思）考试

IELTS（雅思）成绩是技术移民申请人的必要条件，如果没有IELTS成绩是不可以申请技术移民的。主申请人的IELTS成绩不可以低于5分，而副申请人和子女没有IELTS的要求。但是副申请人的IELTS成绩不好，需要交一定的费用。

从主申请人开始申请到申请批准，会有10个月左右的时间，在这期间，或在你的签证批准后，你的配偶应该参加IELTS考试。如考过5分，就不用交钱。如考了下面的分数则应交相应的费用。

4.5分交1,500新西兰元；

4分交3,000新西兰元；

3.5分交4,500新西兰元；

其他交6,000新西兰元。

这个收费标准基本就是来新西兰学习英语的学费标准。在申请批准后派发签证之前，需要付英语学习费。

第四节
学历学位评估（NZQA）

新西兰的海外学历学位评估服务是由新西兰学历评审委员会（New Zealand Qualifications Authority，NZQA）负责审核的。

新西兰学历评审委员会（NZQA）位于新西兰的惠灵顿，官方的网站是 http://www.nzqa.govt.nz，可以从该官方网站中了解有关海外学历学位评估服务的详细指南，并可以下载相关申请评估服务的表格。

请认真阅读并完整填写该申请评估服务表格，否则申请将会被退回。

值得注意的是，对于表格中要求的证明文件，中国的申请人必须提供原始文件，并加上一套复印件。

新西兰学历评审委员会（NZQA）收取200新西兰元申请费和36新西兰元邮寄费。若夫妻双方同时申请，则必须支付2倍的费用。此费用无论申请成功与否，均不予退还！

如果你希望退回你的原始文件，你必须预先提供一个已写好收件人姓名和地址的快递信封，还须额外支付36新西兰元的邮寄费。

第五节
办理签证

根据新西兰移民法的要求提供必要的材料：

IELTS的成绩报告、NZQA的评估结果、出生证明、学历学位证明、工作经历、无刑事犯罪记录证明、结婚证明、各种获奖证明、新西兰亲属的证明、新西兰工作经历的证明、银行资金证明以及其他各种证明或公证。

夫妻双方的材料都要准备好，其中需要注意的问题如下：

①新西兰技术移民法虽然没有规定职业的加分标准，实际上职业对移民还是有较大的影响。因此申请人的工作经验和从事的职业对申请移民有很大的作用。因此有必要了解你从事的职业在新西兰是不是受欢迎的职业。

②职业的定位。新西兰的很多职业与国内的职业名称相同，但从事的工作是不同的。

③材料的真实性。没有这方面经验的人，很容易把材料整理得自相矛盾。常见的问题有户口本、身份证、护照、工作经验、学历学位、出生公证等的相关资料不一致。

④投档的时间不是最佳的时间。

⑤分数达到申请的最低分数，但由于不了解移民法的计分规则，使得有机会申请的人错过了最佳的申请时间。

⑥材料准备不细致，面试的时候不知道如何回答。

第六节
准备面试

很多申请人需要面试，面试的时候签证官会问哪些问题，又应该如何回答这些问题呢？

下面是一些常见的问题及回答的基本原则。也就是说，签证官的提问可能不会与以下问题完全一致，但本文使你领会移民面谈问题的特征，了解回答要点，以使你在移民面谈时能够心中有数。

（1）请你描述自己的职务、职责，以及公司、老板情况，并简要叙述自己的工作经历。

在回答问题时，尽量使用自己专业语言作细致的技术性描述。因此，在面谈前，最好对工作中某个项目的描述作充分的准备工作。

（2）移民官会根据你在申请表格中所列出的经验和能力对你提出问题。

假如你是计算机专业人士或申请表中声明你具备计算机方面的经验，则你要被问及PC应用、计算机语言、计算机绘图以及如何使用E-mail及因特网等方面的问题。

（3）你是否从新西兰雇主那里得到了工作机会？

如果你曾向新西兰公司呈递过简历并获得过雇主的一些信件，则可将那些对你的能力和经历感兴趣的信件出示给签证官。因此，在面谈前，你需要了解新西兰著名的公司等。

（4）你去新西兰的目的地是哪儿？为什么选择那里？在那里，有你的亲戚和朋友吗？你对新西兰是否了解？

首先应选择有亲戚或朋友的地方作为你的目的地，因为他们会对你最初定居有所帮助。如果你的移民公司提供这类服务，也可以选择咨询公司坐落的城市。当然，通过你的移民咨询公司，你可结识许多已定居新西兰的中国人，只要向签证官提及这些人就可以。

（5）你近来的收入如何？如果你打算去读书，那么你打算如何支付学费？你打算带多少钱赴新西兰？

你可以向签证官说明你将携带1万新西兰元赴新西兰。为了减少开支，你打算与你的朋友合租一套房子。签证官这时可能会要求你提供财产证明，这样，你需要出示写有你名字的银行汇票。当然，这些汇票可能是从亲戚、朋友处借来的，但这时必须转入你的名下。

（6）在中国，你的月收入仅是平均水平，那么你是如何得到那么多钱的？

这时你可以回答签证官你是通过额外的工作，例如做小生意、父母赠予、变卖财产、股票等方式获得这笔收入。

（7）你的配偶和孩子有何打算？他们是找工作还是读书？

可按自己的意向作简要回答。

（8）你的父母不久也会与你一同去新西兰吗？

他们不会很快去新西兰，因为在语言和文化上他们有一些困难。

（9）你对新西兰医疗保险情况了解多少？

在到达新西兰的头3个月，需购买个人医疗保险。

（10）你是否去过新西兰拜访你的亲戚或朋友？你是否去过其他西方国家？你的印象如何？

我对新西兰选举自由及言论自由印象很深。在那里，法律面前人人平等，每个人都可以自己掌握自己的命运。而且西方国家拥有发达的经济，以及完备的金融、社会、法律体系。

（11）你有何爱好？

我喜欢骑自行车、打篮球、踢足球、打棒球等，我也喜欢收集邮票。

（12）你喜欢你目前的工作吗？你是否调动过工作？调动的原因是什么？没调动的原因是什么？

这时的回答就应与你的推荐信完全一致。工作调动过的原因是：为了进一步提高，为了获得更好的工作环境。没有调动过的原因是：喜欢这项工作，老板具有吸引力，优良的工作环境以及更多的晋升机会。

（13）你是否可以描述你做过的最重要的一个项目？

根据简历，选择一个你最熟悉的项目，进行清晰、富有逻辑的描述，在描述过程中尽量多地使用专业语言。最后，强调该项工程对经济发展及对你所属公司业务发展的重要性。同时，强调在该项工程中所发挥出的才智、积累的经验对你将来在新西兰的发展十分有利。例如，你可以在言谈中强调你的计算机技能、工程组织及计划能力等。

以下案例是根据我的朋友的真实案例综合整理的，仅供参考之用！

Visa Officer: Good morning, Miss Wu, how are you today?

Applicant: I am very well, Sir, thank you.

Visa Officer: You have applied for immigration to New Zealand.Can you tell me why you have selected New Zealand?

Applicant: New Zealand is a well-developed country. It is rich in resources. It is well known for its freedom, democracy, diversity, culture, good education and social systems. I believe that it will give me more opportunities to develop myself and to give me a better future.

Visa Officer: Where did you study?

Applicant: After graduation from high school in 1983, I entered Dalian university of Technology and majored in Computer. I graduated in 1987 with a Bachelor of Computer.

Visa Officer: Can you tell me about your career?

Applicant: After graduation in 1987 with a Bachelor Degree, I was employed by a Japan Company, as a software engineering. I worked for four years, I then joined another Company, I am still working there.

Visa Officer: What are your duties?

Applicant: As a software engineering, I provide services to the General Manager and other senior executives. Basically, I am responsible for making appointments with clients, discuss contract, preparing technical reports.

Visa Officer: What is your past-temps?

Applicant: Excuse me, Sir. Can you repeat your question, please? I am a bit nervous today. (Note: She does not know what past-temps is. In fact, past-temps is hobbies.)

Visa Officer: Do you have any hobbies?

Applicant: Yes, I like to listen to music and read books during my leisure hours.

Visa Officer: How are you going to find a job in New Zealand?

Applicant: First, I will visit the New Zealand Employment Centers to see if there are any suitable jobs for me. I will also visit employment agencies. I will read daily newspapers and look at help ads. I will also talk to my friends to see if they know any job openings. I will also walk into the department stores, supermarkets to put my application in.

Visa Officer: What do you do if you cannot find a suitable job?

Applicant: I will take any jobs that are available, say cashiers, part-time sales porson, etc. to settle down and to get some New Zealand experience first.

Visa Officer: Good! Do you intend to further improve your English?

Applicant: Yes. I understand the New Zealand Government offers language training courses for new immigrants. I will attend these course.Also I will practice my English daily by talking to people, reading newspapers and watching TV.

Visa Officer: One day a client walked in your office, he was very angry because he was not satisfied with your company's product. He demanded to see your boss, but your boss did not want to see him. What would you do?

Applicant: I would greet him first and try to understand what his problem was. I would tell him that my boss is out of town. I would arrange for a manager to solve his problem.

Visa Officer: How much is your asset?

Applicant: About NZ$10,000.00.

Visa Officer: Do you have any relatives or friends in New Zealand?

Visa officer: Do you know how many points you must get for a visa?

Applicant: 24 points.

Visa Officer: I must end this interview now. Do you have any questions?

Applicant：Do I qualify for a visa?

Visa Officer：Yes, you've just got 24 points.

Applicant：Thank you very much, sir, good bye.

Visa Officer：Good bye and good luck in New Zealand.

　　虽然移民申请人的职业各有不同，但是移民官的问题大致会涉及如下内容：申请人受教育的背景、经历及申请职位的能力以及为什么要去新西兰、怎样在新西兰找工作等。签证官问题重点会在对申请人的经历和所申请职位是否相符合上考察，所以我建议大家在此方面准备要充分些。比如，电子工程师，可能会问你主要做了哪些工作，从事过哪些设计。还有可能涉及你的主要技术工作的概括介绍、你所设计的仪器原理及用途、本人在工作中承担的责任是什么等。面试中一定要注意用简练通俗的语言把自己所从事的工作讲清楚，如果你的专业比较偏就更要注意了。签证官不可能懂很多的专业技术，但他需要了解你。如果你准备得不充分，回答得不好，那么他就要怀疑你的技术能力了。如果你讲得不通俗，他听不懂，也会很麻烦。签证官会更多地纠缠提问，拖长面试时间，这会影响你的情绪。面试之前的准备很重要，要充分准备。包括技术专业的准备和语言能力的准备。流利的语言会给你带来自信。此外在面试时要放松自己，把签证官当作朋友，你们进行的只是普通的交谈而已，这样谈话会轻松愉快，也能发挥到最佳的状态。有的申请人可能遇到签证官的态度比较严肃，也可能讲出了对自己不利的话，在这种情况下不要被移民官的态度左右了自己的情绪，要稳住，耐心解释和坚持会改变他的看法。

　　从某种意义上讲移民面试是对申请人进行的一次全面的考察，你的语言、学识、气度甚至包括你的品格都会在短短的几十分钟内充分地表现出来，而表现好不好会直接影响你的申请。

第七节
行前准备

　　首先做一个计划，你们准备在新西兰哪个城市落脚。请了解这个城市的气候、经济情况、找工作是否容易等。

　　了解海关允许携带行李的重量，了解新西兰允许带什么入境，不允许带什么入境。

　　（1）准备好所有的证件，包括护照、入境签证（移民签证），各种证明（出生证明，结婚证明等）以及孩子的读书证明，以便孩子可以顺利在新西兰入学。能证明你具有优秀品质的各种证书。这些文件对找工作有用。在国内提前准备好个人简历，包括你的推荐人的推荐信。

　　（2）准备携带的现金（美元或新西兰元），注意办理外汇携带证，在中国人民银行办理，在办理换汇的时候同时办理。

　　（3）准备衣服和耐用品，新西兰的四季同中国相反，四季的服装要准备好。如果携带电器，要了解新西兰的电器所使用的电压。了解新西兰与中国衣物的价格，相同的价格没有必要在国内购买，减少行李的重量。

　　（4）药品，携带些必需的药品。

　　（5）预订机票，机票要提前预订。要明确是OK票还是OPEN票，OPEN票要提前72小时（有的航空公司提前36小时）确认。只有OK票才可以登机。

　　（6）提前通知新西兰的亲属朋友接机，帮助租房，随身携带重要的电话号码、电子邮件地址。

第八节
新西兰、加拿大移民政策比较

新西兰是世界上少数的移民国家之一（美国、加拿大、澳大利亚、新西兰、新加坡），在生活质量上不亚于其他的欧美国家，也是中国人比较适合永久定居的国家。新西兰政府在1999年4月1日出台新的留学移民法，使得留学移民新西兰成为目前中国人海外发展的首选国家。

新西兰的技术移民为打分制，只要具有一定的学历和基本工作经验，就具有移民的可能，同加拿大的技术移民相比，具有相当宽松的条件。新西兰的新移民法，很多地方不完善，有很多需要改进的地方。法律上不明确的地方也很多，也给申请人带来了很多的机会。同加拿大移民政策相比，有如下特点：

1. 读书容易

新移民不需要像在加拿大那样要考TOEFL和GRE才能读硕士、博士，同时还可以申请贷款，可在有工作之后再慢慢偿还。这就是为什么在加拿大，你可以看到许多中国人都在干最苦的体力活，而在新西兰却没有这种现象。

2. 丰厚的福利待遇

新西兰移民不用担心生病后的费用。这就是成千上万的中国老人通过家庭团聚移民到新西兰安度晚年的原因，因为没有大病后的费用担心。取得移民签证后，一般要在1年内入境，入境后你将成为新西兰居民，享受当地居民所有的同等待遇，其中包括：第一次入境可免税带齐你的自用品，可以到政府工作介绍中心登记找工作等。在新西兰工作，平均每周工资约为500新西兰元。一般每人每周基本生活费为100新西兰元。

3. 可加入新西兰国籍

在新西兰居住满3年者可以申请归化入籍，入籍后可以随时赴澳定居，也可赴其他英联邦国家、欧盟国家、美、法、日等国家实现3个月免签证旅游。加入加拿大国籍后，6年后才享受失业救济。而在新西兰，2年就可以。

4. 新西兰的"绿卡"即是澳大利亚的"绿卡"

持有新西兰绿卡的人可以非常方便地出入澳大利亚，包括读书、工作等。

5. 在新西兰找工作比加拿大容易

政府鼓励有新西兰学位的人留在新西兰。

6. 申请难度大大低于加拿大

新西兰与加拿大的移民申请条件相比更加诱人，详见下表：

新西兰与加拿大移民政策比较

类　别	新西兰	加拿大
最高年龄	54周岁	44周岁
学历	大专	本科（计算机可以是大专）
学历类型	函大、夜大、自考皆可	只能是普通高校
学位	没有要求	必须有（计算机专业除外）
专业	西医不可以，其他可以	计算机、工科类有优势
特别专业申请	中文、英语等可以	没有
签证类型	落地永久签证	365天住满183天
IELTS 5分	免面试	可能还需面试
签证官的权力	没有	非常大
费用	全家4,980元人民币	1,100加拿大元
Landing fee	暂时无	1,436美元

第六章　移民常见问题解答

The New Zealand
Immigration Analysis

第一节
办理移民过程中的问答

（1）新西兰移民是不是也像加拿大那样需要工程师协会评估？

答：新西兰的移民要求NZQA的学历评估。

（2）办理新西兰技术移民的各种费用有哪些？

答：①政府受理费、安置费430元人民币，批准后收取；

②移民附加税850元人民币，批准后收取；

③新西兰学术机构评估费200新西兰元、邮寄费36新西兰元；

④使馆签证费4,980元人民币，不退。

（3）中文、历史、医疗、金融、财会、师范等专业可以办理技术移民吗？

答：西医、律师、中学教师不能申请。

（4）上大学以前的工作经验能否计分？

答：如果与你的大学资格认证相关，可以。

（5）可以先申请移民后参加考试吗？

答：不可以。

（6）移民局英文课程收费标准？

答：目前的移民条例对技术移民和商业投资移民都有相应的英语程度要求，对于没有达到条例要求的移民申请人，可以通过预先交纳英语课程学费而免去此项要求。现行英语课程学费根据申请人英文程度不同而异，学费由移民局代收，但申请人必须在交费后的3年或3年半内完成所交学费的英文课程，否则移民局不予退费。

参看技术移民的副申请人收费问题。

（7）中国的自学考试、电大、函授、成人夜大是否可以办理技术移民？

答：必须是3年大专学历以上。自学考试、电大、函授、成人夜大必须先向新西兰学历评估局申请评估，评估费200新西兰元。

（8）本科毕业生但没有学位是否可以办理？肄业生是否可以？

答：可以。

（9）是否像加拿大移民那样要同签证官面谈？面谈的内容是什么？如何辅导？如何免面谈？

答：严格来说，加拿大是"面试"，移民官有给分权，特别是加拿大实施新的移民法后，签证官的权力更大了，申请人是否能够申请成功，很大程度上取决于移民官的面试。

新西兰的面谈准确地说是材料审核，因为分数是根据移民法定的，签证官没有给分的权力，仅仅是进一步了解你。但是签证官若是认为你的材料有问题，也有拒签的权力。

（10）哪些疾病是不能获得签证的？

答：没有明确的政策规定。传染病、性病不可以。

（11）在海外只要取得工作签证，是否就可以免去英语考试？

答：只限于工作1年以上，目前的新政策6个月就可以。

（12）对工作经历的要求是否有了变更？

答：过去为了使工作经历得到承认，所学专业必须与工作有关。但是，现在在获得新西兰择业证明后申请，即使与专业无关，对所有的工作经历也都能给分。如果没有新西兰的择业证明，在打分时其工作经历则必须与专业有关。

另外，增加了对取得新西兰学位者的优惠条款。申请普通移民时，必须具有2年的工作经历才能得到1分，而获得新西兰学位，即使得不到工作经历的1分，只要总分符合要求即可申请。

（13）创业移民开办什么企业好？申请开中国餐馆如何？

答：一般来说，申请人申请开中国餐馆需有经验，这不是个好项目，康复中心可以。3～4个月时间办成。

（14）长期商务签证的成功率如何？

答：创业移民，即长期商务签证的政策是从1999年4月开始实施的，到2000年初新西兰移民局就收到世界各地的申请共28份，其中80%来自中国大陆。通过投资公司与移民局的联系，详细讨论申请人的情况，设计最佳的投资方案和计划书可以大大提高获取签证的可能性。

（15）我的案例已经委托澳大利亚的律师做了一部分工作，还可以申请创业移民吗？

答：鉴于你已经有澳大利亚律师做的商业发展计划书，你可以有两种选择：

A. 基本完全按照澳大利亚律师做的商业发展计划书，填表、递交申请。你的案子不与投资公司联系，不用支付投资公司费用。

B. 让投资公司根据他们对新西兰商业状况，以及创业移民政策的理解，对你的澳大利亚律师做的商业发展计划书进行修改，收取一部分费用。

（16）我是搞进出口业务的，去新西兰发展的目标，主要是想从新西兰进口适合于内蒙古畜牧业发展的先进技术和机器设备，不知新西兰与澳大利亚相比差距有多大？进入新西兰后，再学习英文可以吗？

答：由于是长期商务签证，你进入新西兰后，就没有人会过问你自己的事，干什么是你自己的事。但是，如果你生意开展得好，需申请转为移民，或在3年后，申请延长3年签证，移民局就会审核你的经营状况。

关于你来学习英文，移民局并没有任何相关规定，所以他们也无法回答你：你来后学习英文是交纳外国学生的费用，还是本国学生的费用。但是，由于你有3年签证，上学是没有任何问题的。也就是说，上学与移民局没有关系。学校只管收学费。而且，你可以学part-time的课程，可以随意什么时候开始或结束。而如果是学生签证者就不能这样。学生签证完全取决于每年你是否支付学费。

新西兰在畜牧业方面处于世界先进水平，新西兰与澳大利亚相比，一点也不差。这主要得益于优越的自然环境，国家的重点发展、研究都集中在此。

（17）如何与朋友一起申请长期商务签证，该怎样操作？

答：移民局要求每人至少持有25%的股份，并且参与商业决策，其中的申请人可以不居住在新西兰。成功移民后，所有申请人都可以移民。每一位申请人填写一份长期商务签证申请，然后交签证申请费即可。可以有一个商务计划，因为是你们共同的项目。

（18）如何节约NZQA的评估时间？

答：建议你跟NZQA弄清楚由谁负责评审你的学历，然后与他确认是否已发出Request去相关的机构，若Request已发出超过2个月仍未回复的话，请他们再发新的Request。同时如有可能最好把学校对你学历的确认公函（及翻译公证）也寄给该NZQA负责你案子的人员以便加快速度。

如果你已经向NZQA申请学历评估，请保管好你的收据和NZQA给你的信件。由于NZQA的评估时间太长，新西兰移民局北京使馆现有条件接收已向NZQA办理评估的移民申请。你只需要将NZQA的收据或接收信，随移民申请表一起寄到北京。为保险起见，你最好先向北京移民局打听清楚。这样将能节省很多申请时间，现在大家都在抱怨NZQA的评估时间太慢。

向NZQA申请时最好把你原学校的中英文地址写清楚，如能提供不干胶贴最好，NZQA写的是英文信件，很多情况下由于翻译不清而导致信件丢失，你应时常向NZQA查询评估进展情况以便催促他们。

（19）到底国内有没有学校获得NZQA移民局免学历评估的？

答：就目前的政策而言，所有技术移民申请人都必须申请NZQA的学历评估，无论申请人是在哪个国家（新西兰除外）哪所学校获得学历的。关于是否已经有免评估大学的清单，移民局的答复是需要咨询NZQA。电话问询NZQA时，NZQA的答复给人的感觉是要求所有外国学历都要评估。对于移民局是否会对部分学校免评估，以及对哪些学校免评估的问题，NZQA说那是移民局自己的事情。看来，在这个问题上，移民局和NZQA是持不同观点的，这里存在NZQA的利益问题。

（20）在NZQA评估表中第13项：List all educational institutions attended, beginning with your final secondary school year, and ending with your last year of education.是要求从高中开始填起，还是从高中结束开始？

答：从高中的最后1年开始，即先填哪年你高中毕业。

（21）评估表中第14项：Have you completed vocational training e.g., apprenticeship and articled clerkship? 这个职业培训指的是什么？我参加过公司派遣的短期海外技术培训（2周和3周）这算吗？或者，此项可否不填？

答：英国古制里有学徒制度，上面的意思可延伸为你是否参加过类似的学徒工作，工作培训或有论文发表，只要是任何与你工作有关的培训都应该填写，短期海外技术培训当然也算在内，对你的评估有益处。

（22）配偶是文职军人（部队医院的军医）这种身份该如何说明才能不影响移民申请？或者为避免产生误解和节外生枝，干脆不填这段工作经历让其成为空白是否好些？

答：我们建议你如实填写，新西兰不是反共国家，不会影响你的申请，相反，若让移民局发觉你提供不实资料对你的申请是会有影响的。移民局不会查你是否是军人或党员。新西兰这边没有任何问题，倒是国内单位可能卡住不放。

（23）Certified copies of current practising certificate and licence registration.是否指国内的职称证书？

答：是的。

（24）Evidence of work experience from employer(s).指的是雇主的推荐信还是工作经历的证明？或者两个都需要提供？

答：雇主的推荐信证明你在单位里的工作年限、职务及工作内容，然后凭此办理工作经历证明，一起寄给NZQA。

（25）20万新西兰元可以加2分，那么这20万必须存在新西兰的银行吗？

答：先申请，要证明有20万的资产。等申请批准后，给1年的时间转资金到新西兰。什么时候完成，什么时候给永久居留签证。

第二节
有关政策的问答

（1）移民新西兰是否等同于移民澳大利亚？

答：不一样，但根据新西兰与澳大利亚的协议，新西兰公民是澳大利亚的自然居民。

（2）移民新西兰几年可以申请新西兰公民权？

答：3年。

（3）公民与居民有什么不一样？

答：公民持新西兰护照，居民不持新西兰护照，但享有同等国民待遇。公民和居民都是国民。公民服兵役，有选举权和被选举权。其他的权利相同。

（4）移民后能否不居住在新西兰，但仍保持新西兰居民身份？

答：可以，如从进入新西兰第一天开始计算，移民头2年内每年有183天住在新西兰或41天住在新西兰并交税，两条符合一条即可。

（5）孩子入学是免费的，还是收费的，收多少？

答：免费。

（6）公费医疗的概念是什么？是雇主支付医疗费，还是医疗保险？

答：免费，只是付挂号费。国家支付医疗费。

（7）移民申请中存在在新西兰工作1年加1分的加分情况吗？

答：工作邀请可以加5分，但是这事并不容易。

（8）新西兰移民是不是也像加拿大那样需要工程师协会评估？

答：不需要，但需要NZQA的学历评估。

（9）申请费是每人4,980元，还是夫妻共付的？孩子是否需要交费，是否也是一人成功，全家人一起入境？

答：是一家人的。

（10）取得移民签证后，到其他国家有何优惠？

答：一般要在半年内入境，入境后你将成为新西兰居民，享受当地居民所有的同等待遇，其中包括：第一次入境可免税带齐你的自用品，可以到政府工作介绍中心登记找工作等。在新西兰工作，平均每周工资约为500新西兰元，一般每人每周基本生活费为100新西兰元。在新西兰居住满3年者可以申请归化入籍，入籍后可以随时赴澳大利亚定居，也可到其他英联邦国家、欧盟国家、美、法、日等国家3个月免签证旅游。

（11）本国学生可享受助学津贴及其他补助，而刚入境的永久居民能不能享受这些补助？

答：永久居民入境2年后可以享受。

（12）刚入境的永久居民是否可以申请助学贷款？

答：可以。

（13）关于刚入境的永久居民找到工作后参加业余学制的大学学习。

答：①学费是否与本国全日制学生相同？是的。

②是否可得到学生津贴及其他补助？可以，2年以后可以得到。

③是否可以申请助学贷款？可以。

（14）刚入境的永久居民要想读大学是否必须有IELTS的成绩或是TOEFL成绩？如果不是必需的，需要进行什么样的语言培训？

答：不是必需的，不同学校要求不同。

（15）请介绍一下新西兰的儿童福利及生育福利？

答：这些福利条件非常好，尤其是生育福利，这也是为什么新移民来新西兰后普遍要第二个孩子。

（16）申请全家移民，可否仅我一人先去新西兰，等稳定一些，再接妻儿出去，可以允许多长时间？

答：可以，你和妻儿一起申请移民，你先去，他们有9～12个月的移民签证有效期。

（17）批准移民后，可以有多长时间作准备？

答：9～12个月。

（18）工作经历中，如果不想让现在的单位知道移民的事，有什么办法？

答：除非你不要现在工作单位的经历分，否则很难。和工作单位搞好关系是移民成功的重要一步。如你考过英语，确定自己达到移民分数就应该和单位谈，有的人采取调换单位的办法，但移民局终究会调查你以前的工作单位以确定你的工作经历。

（19）妻子英语差，我能否先申请自己出去，1年后再申请妻子儿女出去？

答：可以，这样他们以家庭团聚的方法移民，可以免掉考英文的麻烦。

（20）Assistant, General Labourer, Sales Rep的职位。新移民还有什么工作（当然餐馆服务等工作就多了，这里不提），请介绍一下？

答：可以自己开业，英文好的还可以当翻译（政府机构如医院、法院及一些部门需要一些中文翻译，一般每小时20新西兰元）。如找不到好工作还可以到学校读书，MBA、商业、会计、国际贸易及旅游等都是华人选择的热门专业。千万不要打工，青春宝贵，过了这个黄金时期那只有一辈子打工了。

（21）没有美金账户，所以款汇到新西兰后就变成新西兰元了，我是把这部分钱直接存进银行呢还是换成美金再存？哪个合算？

答：若你国内汇来的是美元而出现在你账户的是新西兰元，说明银行自动给你换成了新西兰元，银行吃了你一笔不少的兑换手续费。

你应开设一个美元账户，取出美元后找一些华人换会便宜很多，如奥克兰有一些华人办的汇通外币兑换处，以中间价换美元，双方都有利。

新西兰的银行兑换外币时一般要有10%以上的利润，顾客损失很大。如你已有新西兰元就不必换成美元了。因为换一次就损失一笔钱。

（22）关于技术移民需要证明工作经历的真实性，新西兰大使馆是如何评估的？是否仅仅是向工作单位发个确认信？如果真是这样的话是否意味着工作经历证明很容易伪造？

答：首先，申请的材料一定要真实，否则即使将来成为新西兰国民如被发现做假也会被取消国籍的。移民局可以向你所在的单位发函、传真、打电话等，如他们发现资料上有任何问题都会要求你提供进一步的材料，且你的经历也要经过公证。

（23）移民局是如何确认对方雇主邀请信的真实性的？

答：他们会调查雇主公司的规模，目前员工的工资福利状况，有些还会亲自到雇主公司进行调查，而且一份向海外招聘的工作，必须先在新西兰国内登广告，在新西兰找不到合适的人后，才能向海外招聘。

（24）拿到技术移民签证后是否意味着只要去过一次新西兰就可以无限次往返于中国和新西兰或是第三国家？是否可以立刻以新西兰居民的身份到澳大利亚或美国读书？这样是不是也可以申请学生贷款？

答：首先，你拿到的新西兰PR只在新西兰境内有效。你还是中国公民，拿到PR后，你要离境还要申请回头签证，2年内可以任意进入新西兰。如要无限次出入新西兰，还须申请永久回头签证。条件是：在新西兰的2年内每年居住超过183天或2年内每年居住41天且成为新西兰税务居民。

新西兰PR只能往返于中国和新西兰，到其他国家还要签证。拿到PR后，你还是中国人，到澳大利亚、美国读书和在国内一样要申请签证。新西兰PR能在新西兰境内申请学生贷款。

拿到新西兰护照后可以自动成为澳大利亚居民。可以到澳大利亚读书并申请澳大利亚的学生贷款。到美国读书和任何非美国公民一样需要签证，即和你目前在国内申请美国读书是一样的。

（25）技术移民3年后拿到身份证后，是否可以去美国找工作，而不用办理其他手续？如果这个时候去美国读书，是否也可以享受学生津贴？

答：拿到新西兰护照后到美国可以3个月免签证，并在美国旅游。

如果到美国工作则需要申请H1B签证，像澳大利亚、加拿大公民一样。

第七章　移民政策

The New Zealand
Immigration Analysis

第一节
新西兰移民政策

新西兰副总理吉姆·安德顿2000年5月2日说："政府的移民政策应以吸引对新西兰发展有用的人才为目的。"

据当地新闻媒体报道，安德顿是针对新西兰最新人口统计数字回答当地记者提问时讲这番话的。根据政府发表的人口统计，截至2000年3月31日，新西兰全国有常住人口382.96万人，比1年前只增加了2.07万人。这一数字是前5年每年平均增长数字的一半。而在1999年，离开新西兰去外国定居的人数要比从外国来到新西兰定居的人数多9,000人。

安德顿认为，政府的移民政策"多变、混乱"，迄今为止没有一个明确的人口计划。他说，需要在全国范围内讨论一下，新西兰到底有多少人口最为合适，从而在这一基础上，制定出一项以吸引对国家有用的人才为目的的移民政策。

近来，新西兰一些政党也要求政府重新审议移民政策，以吸引更多的移民。

第二节
留学与移民的关系

如果你正在办理出国留学手续，或打算让你的儿女出国留学，你是否考虑到你或你的儿女在出国后的前途问题？本节主要介绍我国出国留学生踏出国门后的前途问题。相信这对于不管是正在办理出国留学或打算出国留学的你，都会有所启示。

不少家长在儿女顺利获得出国留学签证后，都会给儿女下达这样的"任务"，一定要取得国外居留权（绿卡）后才能回国。

但是，留学生获得的签证是一种短期签证，签证官在给予学生签证时也要排除学生有"移民倾向"，保证其完成学业后回国。而且所有已获签证的留学生也是要保证或清楚表明在完成学业后会回国，这样是不是会有矛盾呢？是的，这两者之间确实存在着矛盾，特别是签证官在审查签证申请时，是否是"真正的学生"是决定能否获得签证的重要因素，而"真正的学生"就是要求在该国完成学业后一定要回国。

根据这些情况，那不是等于说留学与移民是没有关系，不能互相转换的吗？从定义上或者从移民法规定来说，留学和移民是截然不同的签证。但是，在绝大部分情况下，能够成功出国留学，可以说是成功移民的第一步。

不过这种情况也因不同的国家而有所不同，下面就一些热门的国家，我们谈谈这两者之间的关系。

1. 美国

美国的移民类别最多最复杂，虽然没有像澳大利亚、新西兰、加拿大一样的鼓励独立技术移民政策，但只要你能成功到美国留学，移民美国的机会就会有很多，虽然可能要经历很多周折。不过，赴美国的留学签证并不容易获得。

2. 澳大利亚

澳大利亚是个移民国家，每年从世界各国吸收数万名技术移民，所谓技术移民就是申请人无须在澳大利亚有亲戚或任何担保人或担保公司，而是根据自己本人的学历、年龄、英文程度、工作经历等条件，独立申请移民澳大利亚，从而成为澳大利亚的长久居民。同时，澳大利亚推行出口教育的政策，鼓励在澳大利亚获得学历的人技术移民该国。因此，到澳大利亚留学，取得学位后再办理技术移民该国，是一条可行的道路。

3. 加拿大

和澳大利亚一样，它也是一个移民和吸收技术移民的国家。虽然目前的技术移民政策中，对在加拿大获得学历的申请人不获得另外加分，但是通过留学然后应聘工作，再办理技术移民也是一条成功移民之路。

4. 新西兰

随着澳大利亚成功推出教育出口政策和吸收技术移民给澳大利亚带来的好处，新西兰政府也推行类似的留学和移民政策，而且对在新西兰获取学历而打算申请移民的人更有如下的优惠待遇：

①可增加1～2分；

②无须有2年工作经验的要求；

③读完大学本科学位后可申请长达2年的工作签证。目前，申请赴新西兰留学无年龄限制，无英文成绩要求。因此申请赴新西兰留学，然后技术移民是目前极热门的选择之一。

5. 英国、日本、新加坡、瑞士、法国、德国

这些国家也是移民较想去的国家，但由于这些国家不是移民国家，更没有吸收外国技术移民的政策，如果你打算走从留学到移民（除与当地人结婚外）的道路，那么就要慎重选择这些国家了。

6. 马来西亚

马来西亚也是严格限制移民的国家，因此若想利用到马来西亚留学，然后移民马来西亚，此路也是不通的。不过，你可以选择马来西亚当跳板，而达到成功移民澳大利亚、新西兰、加拿大的目的。这也是一种比较经济的"曲线移民"道路，值得有志者考虑。

为何这样说呢？原因是马来西亚政府自1997年以来，大力推广它的"区域教育中心"政策，发展本国的教育事业，吸引外国学生到该国留学。全国现已有17家大专院校获政府批准举办"3+0"课程，即学生可以3年全在马来西亚上课，却可以直接获取世界承认的澳大利亚、英国、新西兰、甚至美国大学颁发的

大学文凭，获取这些文凭后你便达到了独立技术移民的基本条件。加上在马来西亚授课全部采用这些国家的教材、语言环境也绝对比在中国大陆有优势，学费和生活费也很便宜（1年总费用只需人民币4万元左右），因此相信选择马来西亚留学，会适合更多的高中毕业生走从留学到移民的道路。

以上是对一些热门国家的留学和移民政策的比较。若你目前的情况符合独立技术条件的话，那就不必选择先留学后移民，可以直接办理技术移民。

当然，本节并不是在鼓励我国的精英人才移民他国，因为我国也需要有更多的精英人才，共同创造祖国更好的明天。

但是"曲线救国"也是一种可喜的现象。同时，我们也要警告家长不要盲目和草率，而应采取慎重的态度，特别是在选择国家方面，以免"耽误"子女的前程和浪费金钱，达不到真正出国深造的目的。

第三节
关于国家助学贷款的管理规定（试行）

为促进教育事业的发展，依据《中华人民共和国中国人民银行法》、《中华人民共和国商业银行法》、《中华人民共和国教育法》等法律的有关规定，现就实行国家助学贷款有关事项作如下规定：

（一）国家助学贷款适用于中华人民共和国（不含香港特别行政区、澳门和台湾地区）高等学校（以下简称：学校）中经济确实困难的全日制本、专科学生。

（二）国家助学贷款是以帮助学校中经济确实困难的学生支付在校期间的学费和日常生活费为目的，运用金融手段支持教育，资助经济困难学生完成学业的重要形式。

（三）中国工商银行为中国人民银行批准的国家助学贷款经办银行。国家助学贷款的具体管理办法由中国工商银行制定，报中国人民银行批准后执行。

一、管理体制

（四）为保证国家助学贷款制度的顺利实行，由教育部、财政部、中国人民银行和中国工商银行组成全国助学贷款部际协调小组（以下简称：部际协调组）。教育部设立全国学生贷款管理中心，作为部际协调组的日常办事机构。各省、自治区、直辖市设立相应的协调组织和管理中心。

（五）部际协调组主要负责协调教育、财政、银行等部门及学校之间的关系，制定国家助学贷款政策，确定中央部委所属学校年度国家助学贷款指导性计划。

其中：教育部主要负责根据国家教育发展状况，会同有关部门研究如何利用助学贷款的有关政策；财政部主要负责筹措、拨付中央部委所属学校国家助学贷款的贴息经费（含特困生贷款的还本资金），监督贴息经费使用情况；中国人民银行主要负责根据国家有关政策，确定国家助学贷款经办银行，审批有关办法，监督贷款执行情况；经办银行负责贷款的审批、发放与回收。

（六）全国学生贷款管理中心负责根据部际协调组确定的年度国家助学贷款指导性计划，接收、审核中央部委所属学校提交的贷款申请报告，核准各学校贷款申请额度，并抄送经办银行总行；统一管理财政部拨付的中央部委所属学校国家助学贷款贴息经费，接受国内外教育捐款，扩大贴息资金来源，并将贴息经费专户存入经办银行；根据经办银行发放的国家助学贷款和特困生贷款数量，按季向经办银行划转贴息经费；与经办银行总行签订国家助学贷款管理协议；向经办银行提供有关信息材料；协助经办银行监督、管理国家助学贷款的发放、使用；协助经办银行按期回收和催收国家助学贷款；指导各地区学生贷款管理中心工作；办理部际协调组交办的其他事宜。

（七）各省、自治区、直辖市国家助学贷款协调组织，根据部际协调组确定的有关政策，领导本行政区域国家助学贷款工作；负责协调本行政区域教育、财政、银行等部门及学校之间的关系；提出本行政区域所属学校的国家助学贷款年度指导性计划。

（八）各省、自治区、直辖市学生贷款管理中心为本行政区域内国家助学贷款协调组织的日常办事机构，根据本行政区域协调组织确定的年度国家助学贷款指导性计划，接收、审核所属学校提交的贷款申请报告，核准各学校贷款申请额度，并抄送同级经办银行；统一管理地方财政拨付的贷款贴息经费及特困生贷款偿还所需经费，贴息经费专户存入经办银行；根据经办银行发放的国家助学贷款和特困生贷款数量，按季向经办银行划转贴息经费；与当地有关经办银行签订国家助学贷款管理协议；向经办银行提供有关信息材料；协助经办银行监督、管理贷款的发放、使用和回收，并负责协助经办银行催收贷款；办理同级协调组织交办的其他有关事宜。

（九）各学校要指定专门机构统一管理本校国家助学贷款工作，负责对申请贷款的学生进行资格初审；按期向学生贷款管理中心报送全校年度贷款申请报告；根据学生贷款管理中心核准的贷款申请额度，将经初审的学生贷款申请报送经办银行；与经办银行签订国家助学贷款管理协议；协助经办银行组织贷款的发放和回收，并负责协助经办银行催收贷款；及时统计并向上级学生贷款管理中心和有关经办银行提供学生的变动（包括学生就业、升学、转校、退学等）情况和国家助学贷款的实际发放情况；办理学生贷款管理中心交办的其他事宜。

（十）国家助学贷款经办银行接受中国人民银行的监督，负责按照国家信贷政策，制定国家助学贷款的具体管理办法；审核各学校报送的学生个人贷款申请报告等相关材料，按贷款条件审查决定是否发放贷款；具体负责贷款的发放和回收；有权根据贷款的回收情况、学生贷款管理中心和学校在催收贷款方面的配合情况，决定是否发放新的国家助学贷款。

二、贷款的申请和发放

（十一）经办银行发放的国家助学贷款属于商业性贷款，纳入正常的贷款管理。

（十二）国家助学贷款实行学生每年申请、经办银行每年审批的管理方式。

（十三）经办银行负责确定国家助学贷款的具体发放金额，其中：用于学费的金额最高不超过借款学生所在学校的学费收取标准；用于生活费的金额最高不超过学校所在地区的基本生活费标准。

（十四）学生申请国家助学贷款必须具有经办银行认可的担保，担保人应当与经办银行订立担保合同。

（十五）确实无法提供担保、家庭经济特别困难的学生，可以申请特困生贷款。特困生贷款由学校提出建议，报上级学生贷款管理中心审批后，由经办银行按有关规定办理贷款手续。

（十六）经办银行核批国家助学贷款，并将已批准发放贷款的学生名单及其所批准的贷款金额反馈相应的学生贷款管理中心和学校，学校上报上级学生贷款管理中心备案，并配合经办银行加强贷款管理。

三、贷款期限、利率和贴息

（十七）国家助学贷款的经办银行根据学生申请，具体确定每笔贷款的期限。

（十八）国家助学贷款利率按中国人民银行公布的法定贷款利率和国家有关利率政策执行。

（十九）为体现国家对经济困难学生的优惠政策，减轻学生的还贷负担，财政部门对接受国家助学贷款的学生给予利息补贴。学生所借贷款利息的50%由财政贴息，其余50%由学生个人负担。财政部门每年按期、按规定向学生贷款管理中心拨付贷款贴息经费。

（二十）国家鼓励社会各界以各种形式为经济困难学生提供助学贷款担保和贴息。

四、贷款回收

（二十一）学生所借贷款本息必须在毕业后4年内还清。为保证国家助学贷款的回收，学生毕业前必须与经办银行重新确认或变更借款合同，并办理相应的担保手续。此项手续办妥后，学校方可办理学生的毕业手续。

（二十二）在借款期间，学生出国（境）留学或定居者，必须在出国（境）前一次还清贷款本息，有关部门方可给予办理出国手续；凡需转学的学生，必须在其所在学校和经办银行与待转入学校和相应经办银行办理该学生贷款的债务划转后，或者在该学生还清所借贷款本息后，所在学校方可办理其转学手续；退学、开除和死亡的学生，其所在学校必须协助有关经办银行清收该学生贷款本息，然后方可办理相应手续。

（二十三）特困生贷款到期无法收回部分，由提出建议的学校和学生贷款管理中心共同负责偿还（其中：学校偿还60%，学生贷款管理中心偿还40%）。学校所需的偿还贷款资金在学校的学费收入中列支；学生贷款管理中心所需的偿还贷款资金，在财政部门批准后的贴息经费中专项列支，专款专用。

（二十四）借款学生不能按期偿还贷款本息的，按中国人民银行有关规定计收罚息。

（二十五）对未还清国家助学贷款的毕业生，其接收单位或者工作单位负有协助经办银行按期催收贷款的义务，并在其工作变动时，提前告知经办银行；经办银行有权向其现工作单位和原工作单位追索所欠贷款。

第八章 出国常识解答

The New Zealand
Immigration Analysis

第一节
护 照

　　普通护照是指发给一般公民（平民百姓）的护照。

　　在我国，普通护照又分为两种：

　　一种是因公普通护照，一般发给国家派出的研究生、留学生、访问学者和工程技术人员等，这种护照由外交部或地方外办颁发；

　　另一种是因私普通护照，由公安部或公安部授权的各地机关颁发给因私事前往我国或旅游居住在国外的本国侨民使用的护照。

　　申请普通护照的程序：

　　中国公民申领因私普通护照须向户口所在地的市、县公安局出入境管理部门申请，其程序因省、市、自治区不同，而有一些差别。具体可向所在市、县公安局出入境管理部门了解，或在其官方网站查询。

第二节
签　证

　　签证是一个国家的主权机构在本国或外国公民所持的护照或其他旅行证件上的签注、盖印，以表示允许其出入本国国境或者经过国境的手续，也可以说是颁发给旅行者的一项签注式证明。签证的种类有很多，不同的国家也不一样。

第三节
办理公证

一、出生公证

当事人须向公证机关提供的证件材料是:

申请人的户口本、身份证或身份证明及其复印件;

当事人如系儿童,须提供接生医院签发的出生证原件及复印件;

当事人如在国(境)外的,须提供本人的身份证明和委托书正本及其复印件,同时还须提供当事人的书面申请(内容包括自己的出生年月日、出生地点、亲生父母姓名、何时出境、出境前的最后居住地址等);

当事人的免冠正面照片两张(最好同护照上的照片一致);

当事人所在单位或户口所在地派出所出具的介绍信。

出生公证主要用于申请人出国定居、办理入境签证、在国(境)外求职与留学等涉外事项。因此,须注意:

(1)出生证明中当事人的姓名(包括别名、曾用名)要确切真实,不能用同音字或别字代替。如"于"姓,同音的有"余"和"俞",不能相混淆。再如,中国人名中用"立"字的很多,有"力"、"丽"、"莉"、"利"等,一定要搞清是哪一个字,不能用别字代替。

(2)中文姓名的译文一般均按汉语拼音拼写,姓名后边用括号注明在国(境)外使用过的外文姓名或地方方言译音姓名。

(3)出生日期一律都须使用公历的年月日来表达。如申请人因特殊情况需要用农历表达,可在公历后边的括号内注明"农历X年X月X日"的字样。

(4)出生地点要明确具体,且须写出省、自治区、市及县(市)也可写到乡镇或街道。

(5)申请人的父母姓名同样也必须确切真实。如果申办公证时,其父母中有死亡的，应在括号内注明父或母已死亡。

二、亲属关系公证

亲属关系公证是指公证机关为确认我国公民与其在国（境）外居住的亲属之间的血统或姻亲等相互关系（包括直系亲属关系和旁系亲属关系）而出具的公证书。

申请办理亲属关系公证书，须向公证机关提供的主要材料有：

（1）申请人的户口本、身份证或其他身份证明及复印件。

（2）国（境）外亲属（关系人）的有关信件。

（3）申请人所在单位组织人事部门、人才交流中心、派出所或乡政府档案记载而出具的亲属关系证明信和介绍信。

申请办理亲属关系公证的目的，一般是为办理出国探亲、定居、移民、继承、财产、申请劳工作废赔偿、申请汇款供养国（境）内亲属等涉外事宜所需。因此，办理此类公证，申请人须注意；

向公证机关提供的证件材料要真实有效；

申办亲属关系公证的目的要确切真实有效；

申请人与关系人之间的称谓要准确清楚，尤其是相互间的辈分要清楚明确。

三、刑事表现公证

刑事表现（是否受过刑事处分）公证，是指公证机关对我国公民（或外国公民）在我国境内居住期间是否受过刑事处分或有没有触犯过刑法等法律事实而出具的公证书。

申请无刑事犯罪公证，须注意的问题是：

（1）申请办理刑事表现公证的申请人必须达到我国刑法所规定的年龄。如申请人未达到刑法规定的年龄，一般不必出具此类公证。如前往国坚持要求提供，公证机关只能出具申请人"尚未达到我国刑法规定的年龄"的公证书。

（2）未受刑事处分公证书一般都有一定的期限规定，这是世界上大多数国家的普遍要求。各国规定的一般期限基本都在6个月以内，即从出具公证书之日起到外国驻华（领）馆受理认证之日止（也有的规定到办理之日或办理定居手续之日止）。所以申请人要争取时间，在公证书有效期内办妥认证及签证手续。如果因种种原因而超过了规定期限，则该公证书即被视为无效。那么，就必须重新申请办理。

（3）申请办理刑事表现公证，一般为在国（境）外谋职、求学、结婚所用，也有的为办理移民、定居手续所用。有的国家要求凡申请入境签证3个月以上者，都必须提供此类公证。所以申请人在办理公证手续之前，最好到前往国的驻华使（领）馆询问清楚，是否需要办理此类公证，以免耽误时间。

第四节
机 票

购买机票和预订机票是两个紧密相关，但又不可等同的概念。也就是说，购买机票和买火车票不一样，坐火车买了票，自然也就等于买了座位。购买机票后，还必须预订座位。凡是确定好的机票，都被称为OK票。旅客持有确定好座位的机票，即可按上边的日期和航班登机启程。

OPEN机票是相对OK机票而言的。凡是机票上没有确定起飞具体时间，即没有预订座位的有效机票，都被称为OPEN票。也就是说，购买机票而未预订座位，是不能登机的。只有既买了机票，又确定了座位才能登机。

对于初次出国的人来说，搞清OK票和OPEN票的区别，是十分重要的。

因私出国人员购买国际机票，一般在国内各航空公司及其售票点均可办理购票手续，也可在外国航空公司驻我国的办事处购买。

购买机票时，要填写订票单（包括旅客姓名、性别、出生年月日、国籍、护照或身份证号码、联系电话、拟订航班号及是否订座等）；售票员审查并确认有余票后，即可付款取票。

因私出国人员购买的国际机票有效期为1年，即从出票之日的次日零时起1年内有效。如某申请人到航空公司购票的时间为8月3日，航空公司出票时间也为8月3日，那么该机票从8月4日零时起计算1年内有效。

办理乘机手续与登机：乘客无论在哪个国际机场办理乘机手续，其基本程序都是大同小异的。

一般程序是：办票牌（凭机票换取登机牌）→托运行李→领取行李牌→候机→持登机牌上飞机→按座位号就座。

因私出国人员一般都要携带一定数量的行李物品。各国民用航空公司对于旅客托运的行李都有明文规定。从重量上讲，一般都规定每名旅客可免费托运行李20kg，头等舱30kg，行李超重要付超重费。从行李数量上讲，一般都规定每位旅客可携带2～3件。近年来随着民航事业的发展和竞争的激烈，在实际执行中，许多航空公司都对此有所放宽，对超重的随身行李一般不再另行收款。

因私出国人员乘飞机托运行李时应注意的问题：

（1）行李件数一般以2件为好，最多不超过3件且尽量不超重或少量超重；

（2）包装要牢固，且必须上锁；

（3）贵重物品和现金不要托运在行李箱内；

（4）在行李的上下两面有自己的特殊标签，请在上面写上自己的姓名、住址和到达目的地等（最好用中英文两种文字）；

（5）无论中途换乘几次飞机，应争取一次将行李托运到目的地，不要托运到中转机场，以避免沿途再办理行李中转手续，使人与行李同机到达；

（6）办好托运手续后，要认真检查行李牌并妥善保管（每件行李都有一张行李牌）；

（7）如果行李超重，要妥善保存超重费的收据；

（8）到达目的地后认领行李时，要认真核对是否是自己的行李。

第五节
兑换外币

我国公民因私出国（境），根据中国银行规定，可按下列标准兑换外币：

1. 居民因私出国（境）兑换外汇标准

我国居民去中国香港、澳门地区可兑换1,000美元的等值外汇。去中国香港、澳门地区以外的国家或地区（含台湾地区）可兑换2,000美元的等值外汇。

2. 境内居民出境定居兑换标准

（1）离休金、退休金、离职金，可全部兑换外汇，其中，离职金不足兑换2千美元的，可一次性兑换2千美元的等值外汇；

（2）在境外定居，其离休金、退休金、抚恤金，可凭境外定居证明和有效的生存证明全部兑换外汇；

（3）未满14岁的儿童，每人可按上述标准的一半兑换外汇。

3. 其他兑换外汇标准

（1）境内居民自费出境参加国际学术会议、作学术报告、被聘任教等，如邀请方不负担旅游零用费，可按出境探亲标准兑换外汇；

（2）境内居民交付国际组织的会员费，按其学术团体规定标准兑换外汇；其他特殊用外汇金额在300美元以内（含300美元）由中国银行兑付。如超出300美元的可向外汇管理部门提出申请。

4. 外汇过境

如果要把外汇带出过境，必须在银行换汇时，由银行开具外汇携带证。个人一般可以开具的最高限额为4,000美元。

5. 人民币兑主要外币汇率

以下是100外币兑换人民币的参考价格，由于汇率的变化，本书提供的只是2014年10月30日的参考价格。

100外币兑换人民币的参考价（2014年10月30日）

货币名称	参考价	货币名称	参考价
英镑GBP	979.337	港币HKD	78.839
欧元EUR	771.093	新台币NTD	20.111
美元USD	611.400	澳门币MOP	76.595
加拿大元CAD	546.527	日元JPY	5.609
澳大利亚元AUD	540.106	韩元KRW	0.580
新西兰元NZD	480.132	新加坡元SGD	478.853
瑞士法郎CHF	639.674	泰国铢THB	18.801
瑞典克朗SEK	83.330	印度卢比INR	9.969

第六节
世界各国移民法简介

世界上接受移民较多、历史也较长的国家主要有美国、加拿大、澳大利亚、新西兰、巴西、阿根廷等。这些国家对接受外来移民都有一套较完整的、系统的法律法规，并设有专门的实施机构等。

非移民接受国是指这些国家虽然经济发达，但由于人口密度大、资源不足或地域较小等原因，对移民到该国的人员限制较多、较严。除以家庭团聚为由的移民可经过严格审查后有可能获批外，一般不接受其他性质的移民，也就是说并不是完全拒绝和排斥外来移民。这些非移民接受国家主要有日本、韩国、英国、法国、德国等。

1. 日本对申请永久居留的规定

符合下列条件者，可申请在日本永久居留。

（1）在日本连续居留5年以上者，但对原具有日本国籍者，日本公民或外国侨民的配偶、子女、对日本有特殊贡献者和被认定为难民者，可以放宽到1~2年；

（2）具有一定的财产或技能，在日本独立经营商贸公司和企业者。

2. 韩国对申请移民的规定

申请到韩国移民主要有以下条件：

（1）韩国公民的配偶、子女（包括收养子女）；

（2）符合在韩国继承财产条件者。

3. 新加坡对申请移民的规定

新加坡虽然经济发达，人民生活水平很高，但由于人多地少的限制，对外国人申请移民条件限制十分严格，主要条件有：

（1）具备新加坡特殊需要的专业技能和专门资格者；

（2）新加坡公民的配偶（双方须连续在一起生活5年以上）及其6岁以下的

子女；

（3）获准定居的专业人才的配偶及其6岁以下的子女；

（4）在新加坡居留10年以上者；

（5）与新加坡女大学生结婚的外国男大学生。

新加坡2000年实施的Q1工作签证，可以同家属和小孩一起移民，这可以说是一种准绿卡！也表明新加坡放宽了移民政策。

4. 泰国对申请移民的规定

泰国的移民条例规定了年度移民的配额。移民法规定，出生在泰国的外国人，泰国公民的近亲属和个人知识、专业能力、拥有财产达到政府规定标准的，均可申请在泰国永久居留。

5. 美国移民法的基本内容

美国的移民法最早是在1881年制定的，1952年美国联邦议会通过了美国移民法案，此后分别在1965年、1978年、1986年进行了修订，最后一次修订是1990年。

美国移民法的内容包括：入境、居住、入籍、驱逐、难民、避难、签证等。

6. 巴西移民法的基本内容

巴西为了促进本国经济的发展，移民法规对吸收移民的原则、条件和标准要求都作了详细规定。其基本内容包括：

（1）申请者的学历和专业技术对巴西经济发展有利的；

（2）申请者的投资意向和条件都具备的；

（3）申请者与巴西的企业公司签订长期劳务合同并经有关政府部门批准的；

（4）申请者与巴西公民结婚的；

（5）申请者系巴西公民的直系亲属的。

7. 阿根廷移民法的基本内容

阿根廷现行的移民法是20世纪80年代正式公布实施的，并与世界上部分国家签署了移民协议。其移民法的基本内容包括：

（1）鼓励外国人集体移民、商业移民和投资移民，并根据实际情况共同拟定有关移民的具体条件计划；

（2）以家庭为单位移民者，必须事先预交3万美元以上的现金作为移民的生活基金；

（3）阿根廷公民和永久居民的配偶、子女等直系亲属均可申请定居；

（4）对非法拘留和入境者的处罚条例。

8. 法国移民法对申请移民者所规定的条件

法国移民局是负责移民事务的专门机构，《外国人入境和居留法》对申请移民者的条件作出了具体规定，主要条件有：

（1）法国公民的父母、外籍配偶和11岁以下的未婚子女；

（2）已经取得移民资格的外国居民的配偶和18岁以下的子女；

（3）在法国居留15年以上的外国人；

（4）从10岁开始就居住在法国的外国人；

（5）拥有固定职业和收入并连续在法国居留3年以上有独立生活能力的外国人；

（6）具备难民身份的政治避难者。

9. 英国的移民条例对申请移民者规定的条件

英国是向世界各地移民最多的移民输出国之一，对外国公民移民本国，则严格限制。根据其移民法规定的条件，只给符合下列条件者办理移民手续：

（1）英国公民的父母；

（2）英国公民18岁以下子女及英国公民合法收养的18岁以下儿童；

（3）英国公民的妻子或未婚妻（不包括丈夫或未婚夫）；

（4）外国侨民的配偶；

（5）被英国企业公司长期雇用并获得工作许可的医生、教师、艺术家、牧师和宗教士；

（6）英国拥有15万英镑以上财产的人。

10. 意大利移民法的基本内容

意大利作为移民输出国，其移民法规定严格限制外国公民移入本国。

意大利移民法的基本内容：

（1）意大利公民及外国侨民的父母（必须为了家庭团聚而不是工作）；

（2）意大利公民及外国侨民的配偶和子女（必须首先取得工作许可证）；

（3）凡移居意大利者必须向政府交一定费用，作为今后无生活保障的遣返基金；

（4）非法进入意大利的外国人，无论是否有工作，一经发现立即遣返并罚以重款。

11. 德国移民法的主要内容

德国移民法对外国人移入同样限制很严，其《外国人入境和居留法》的主要内容有：

（1）外国侨民的配偶及16岁以下的子女可以容许移民德国，但必须等待4年才批准；

（2）外国公民在德国居留满5年以上，但必须有固定收入和住所者，可取得无限期居留；

（3）外国公民在德国连续居留满8年以上者，可申请永久居留。

12. 西班牙对外国移民制定的法规

西班牙在历史上曾向外国大量移民。对于外国公民移民本国的问题，没有专门的移民法，只制定有《外国人在西班牙的权利和自由》的法规，规定符合下列条件者可被批准移民：

（1）西班牙公民的配偶；

（2）祖辈或子女具有西班牙国籍的外国公民；

（3）在西班牙连续居住满5年以上的外国公民；

（4）凡满16岁的外国公民申请前往西班牙居留和工作的，首先须取得居留的工作许可证，然后才能入境，取得长期居住和工作许可的申请人及其配偶可移民西班牙。

13. 荷兰对外国公民移民的要求

荷兰对外国公民移居本国限制很严。一般只批准亲属团聚者移民，其要求：

（1）荷兰公民和外国侨民的配偶及其21岁以下的子女、收养子女；

（2）荷兰公民和外国侨民的父母，但必须是只能依靠公民或侨民生活者；

（3）除符合上述条件外，移民申请人还必须拥有足够的住房和经济收入。

14. 澳大利亚移民法的主要特点

澳大利亚现在执行的移民法律最突出的特点，一是亲属团聚和血统的原则十分明显，凡是澳大利亚公民或外国侨民的亲属均可优先获得批准；二是移民必须有利于澳大利亚的社会进步和经济发展，即对外国公民中的专业技术人员和投资者采取鼓励政策。

澳大利亚移民法将移民划分为6种类别：亲属移民、专业技术移民、投资移民、特别移民、独立移民和难民。

澳大利亚移民法规定对移民采取计分考核的办法，即达到规定分数者，可以办理移民手续。

澳大利亚移民法不对移民实行限制制度，但澳大利亚政府对每年的移民规定数额，即对配额外移民暂不办理移民手续，待有配额后再办理。